LE

CONSEILLER MUNICIPAL

DE VILLAGE,

PAR BÉNIGNE ROUGEVIN,

Agent-voyer chef d'arrond, dans la Haute-Marne.

CHAUMONT,

IMPRIMERIE ET LIBRAIRIE DE NUMA MIOT.

1850.

LE

CONSEILLER MUNICIPAL

DE VILLAGE.

LE
CONSEILLER MUNICIPAL
DE VILLAGE,

PAR BÉNIGNE ROUGEVIN,

Agent-voyer chef d'arrond. dans la Haute-Marne.

CHAUMONT,

IMPRIMERIE ET LITHOGRAPHIE DE N. MIOT.

—

1850.

Dans notre pays à imaginations vives, on a beaucoup
d'attention pour tout ce qui a l'aspect et le rôle de la
grandeur, pour tout ce qui brille et domine sur les hau-
teurs sociales. On aime à voir agir, dans leur horizon
élevé, les grands dépositaires du pouvoir ; on les con-
sidère, on les surveille avec une attention soutenue et
l'œil d'une critique toujours tendue, pour, au besoin,
les censurer, les réprimander, les régenter ; à ceux-là
ne manquent ni les leçons, ni les maîtres, pas plus que
les rivaux et les jaloux.

Sans doute, on ne doit pas être indifférent à la haute direction des affaires de l'État. Sans doute, en administration, comme en autre chose, la tête est beaucoup, mais elle n'est pas tout ; cette tête a un corps, et la combinaison, l'harmonie, dans l'action de l'une et de l'autre, est indispensable au parfait fonctionnement de leur vie commune. A quoi serviraient des Napoléon-le-Grand pour gouverner et des Lycurgue pour édicter des lois, si, dans les degrés inférieurs de l'organisation politique, se trouvaient des administrateurs ignares et misérablement inspirés, propres seulement à gâter l'œuvre de la sagesse et du génie. Le soleil aurait beau briller en haut du monde, si les couches sociales intermédiaires étaient peuplées d'agents de décomposition qui en altéreraient les rayons, avant qu'ils ne fussent arrivés sur la terre qu'ils sont destinés à féconder. Dans notre organisation actuelle, les ministres représentent la roue motrice chargée, à titre de première puissance, d'imprimer le mouvement à la machine administrative ; mais celle-ci a encore des rouages secondaires qui ont pour mission de transmettre, dans toutes les parties du corps social, le mouvement et la vie reçus d'en haut ; ces rouages sont, entre autres, les conseils municipaux ; selon que ceux-ci fonctionnent bien ou mal, le corps social se porte bien ou souffre, dépérit ou prospère. Conséquemment, il importe beaucoup, pour le bien général, que ces conseils remplissent parfaitement le rôle qui leur a été départi dans l'administration publique , et qu'ils fassent tout le bien possible dans la sphère où s'étend leur pouvoir et où se meut leur action.

Il paraîtrait donc bon de se préoccuper , un peu plus qu'on ne ne l'a fait jusqu'alors, de ces agents inférieurs de la félicité publique. Il y a , en France, environ 350,000 conseillers municipaux qui prennent part à l'administration locale. Leurs décisions plus ou moins sages, plus ou moins éclairées , plus ou moins désinté- ressées , influent puissamment sur le bien-être de 35 millions d'âmes. Tous ces gouvernants, la plupart de village, pour n'avoir* en main qu'une minime fraction de l'autorité publique, n'en sont pas moins dignes qu'on leur porte intérêt et qu'on les éclaire sur l'étendue de leurs devoirs.

Ce que nous appelons en France le gouvernement , et qui se compose d'un président, centre et principe de toute action gouvernementale, de ministres qui exécu- tent et d'une chambre législative qui vote , se reproduit, avec plus ou moins de fidélité , à différentes stations de l'échelle politique. Nous retrouvons la fiction de la pré- sidence et du gouvernement dans l'organisation des con- seils généraux, dans celle des conseils d'arrondissement et enfin dans celle des conseils municipaux. Nos villages, avec leur organisation locale, peuvent être considérés, si l'on veut , comme autant de républiques de quatrième ordre, ayant chacune, pour état, une petite étendue de terrain d'environ deux lieues carrées ; pour président , un maire ; pour chambre législative, un conseil municipal ; et, pour force publique, des gardes champêtres, des commissaires de police, des gendarmes et la garde nationale.

Mais, pour que ces petites républiques fonctionnent bien, il faut que l'élément délibérant, formé par les conseils municipaux, apporte au pouvoir exécutant, personnifié dans le maire, le contingent qu'il lui doit de lumières, de généreux désintéressement, de louable indépendance. Les bons conseillers municipaux font les bons maires ; les bons maires font la bonne administration ; la bonne administration fait la prospérité des intérêt[s] moraux et matériels de la commune, et cette prospérité fait le bonheur de la famille communale. Le bien public dépend donc, comme l'effet éloigné de sa cause première, des conseillers municipaux.

Conséquemment, tracer le tableau des principaux devoirs de ces intéressants représentants de nos communes rurales, est une œuvre éminemment utile et patriotique. J'essaierai d'esquisser quelques traits de ce tableau, d'édicter quelques lois de ce code moral. Si leur publication se traduisait en quelque bien accompli dans le coin de quelque village, mon désir serait rempli, mon but atteint.

I.

Conditions de candidature au titre de conseiller municipal.

L'exercice des fonctions municipales n'est pas un honneur auquel tout électeur doive prétendre ; c'est le privilége exclusif des citoyens d'élite. — Monsieur, dirais-je donc à l'électeur candidat, vous voulez devenir conseiller municipal ; je le veux bien aussi, moi ; mais à quelques conditions, cependant, que je vais vous expliquer.

Avez-vous quelques lueurs dans l'esprit, quelque facilité dans la conception, quelque portée dans les idées?
Avez-vous été au moins médiocrement servi par la nature en intelligence, en pénétration, en sagacité? Votre
cerveau, enfin, est-il susceptible de percevoir les notions exactes des choses? Ensuite, quelle est votre
instruction? Savez-vous lire, écrire, calculer et parler,
au moins passablement français? Pouvez-vous comprendre l'agencement d'un budget, les règles d'une comp-
tabilité, une balance de comptes? Vous entendez-vous
à l'administration de revenus, à la fructification de ressources foncières ou pécuniaires? Vous sentez-vous le
cœur pur, les intentions droites, les sentiments honnêtes? Pouvez-vous compter sur la moralité de vos
penchants, sur la religion de vos principes, sur votre
désintéressement, votre dévouement même à la chose
publique? Si à toutes ces questions vous pouvez répondre: oui, avancez hardiment dans le champ des
élections, où ne peut manquer de vous accueillir la
confiance publique. Vous avez le sceau des lumières et
de la vertu, votre place est marquée au sein de la représentation communale.

Mais s'il n'y a ni perspicacité dans votre esprit, ni
noblesse dans votre cœur; si vous êtes venu au monde,
inepte, ou si les quelques maigres rayons d'intelligence
que vous avez pu recevoir de la nature, sont un phare
insuffisant pour vous guider dans la voie du bien; si

les notions les plus vulgaires d'administration, d'ordre,
de régularité, ne peuvent percer à travers l'opacité de
votre lourde intelligence ; si votre âme n'est pas péné-
trée des principes de justice, accessible aux inspirations
de la générosité, de l'abnégation, du dévouement ; en
un mot, si vous ne lui sentez pas, je ne dis pas la passion, je ne suis pas si exigeant, mais au moins le désir
instinctif du bien et du beau, abstenez-vous dès lors
de toute sollicitation. Vous pouvez être fait pour bien
des choses ; mais à coup sûr vous ne l'êtes pas pour
exercer des fonctions municipales.

Ne vous fâchez pas de cette exclusion. Cette chose
ôtée, il peut vous en rester beaucoup d'autres pour
vous occuper. Vous pouvez exceller à couper un arbre
dans une forêt, à creuser un fossé, à confectionner des
vêtements, à bêcher une vigne, à conduire une guimbarde sur la grande route, ou une charrue à travers
des terres labourables, ou des bestiaux au pâturage.
Restez exclusivement à ces occupations. Ce n'est pas si
peu que vous le pensez, dans l'harmonie générale du
monde, qu'une coupe bien exploitée, qu'un fossé bien
fait, sans jarres ni ondulations, que des gens bien
vêtus, bien chaussés, qu'une vigne, qu'un champ fé-
condé par une bonne culture, qu'une guimbarde qui
ne verse pas, que des bestiaux qui paissent sans man-
ger en délit, ni sans être mangés du loup. Ne vous
dérangez pas de ces travaux, de ces emplois, de ces

professions où réside peut-être votre aptitude, pour
essayer de venir vous immiscer dans les affaires publiques auxquelles vous n'entendrez rien. Il vaut mieux,
pour vous et pour la commune, que vous vous conten-
tiez de rester un bon laboureur, ou un brillant artisan,
que d'aspirer à de venir un inepte conseiller.

Je sais bien qu'il est très glorieux d'être revêtu de
la brillante dignité de conseiller, d'être convoqué en
conseil par M. le maire, parlant par l'organe de M. son
agent, le garde champêtre, par lettres manuscrites ou
même lithographiées ; de franchir en dignitaire superbe
les degrés de la mairie, en vue du groupe assemblé
sur la place publique qui jalouse son représentant ; de
remplacer, orné de l'écharpe, le maire, en cas d'em-
pêchement de celui-ci, dans les opérations de tirage,
de révision ; de l'escorter dans les fêtes patriotiques,
dans les revues de garde nationale, et même de tenir
un cordon du dais dans les processions de la Fête-
Dieu. Mais la gloire ici-bas n'est pas pour tout le
monde ; il faut la mériter pour la convoiter. Il n'y a
pas d'exception à cette sentence pour la gloire que pro-
curent les fonctions municipales. Cette gloire et ces
fonctions sont dues, non à celui qui en est le plus dé-
sireux, mais à celui qui en est le plus digne ; non à la
vanité, mais au mérite.

Avant donc de compéter ces fonctions, il faut, monsieur l'électeur, vous mettre la main sur la conscience,

peser votre mérite, scruter votre cerveau et votre cœur, faire courageusement et sans vous épargner ni vous flatter, l'inventaire de votre esprit et de vos vertus, dresser la liste des qualités que vous possédez et vous assurer si elles répondent au programme exigé, et que je viens d'esquisser. Reconnaissez-vous que vous ne remplissez pas le contingent de vertu nécessaire? C'en sera une alors d'étouffer tous les élans ambitieux qui pourraient surgir dans un cœur qui se fait illusion. Il y a bien du vrai patriotisme à vous enfermer modestement dans la vie privée et à vous défendre de toute immixtion dans la gestion des affaires publiques, quand, d'après l'aveu de votre conscience, vous ne pourriez y toucher sans les compromettre.

II.

Devoirs du candidat lors de l'élection.

Le conseiller est le représentant de l'opinion libre de
la localité; c'est cette opinion qui l'enfante électorale-
ment; mais, pour qu'il n'y ait rien à redire à la légitimité de l'enfant, il faut que la mère l'ait conçu sans
viol ni violence; c'est-à-dire que l'élection doit être
absolument libre et spontanée de la part de ceux qui la
font, obtenue et non extorquée par celui qui en est
l'objet; en un mot, dégagée de toutes séductions,
pure de toute corruption.

Quel honneur y aurait-il pour le mandataire, s'il ne l'était devenu qu'à la faveur d'indignes mensonges à l'endroit de son caractère et de sa moralité? Ce ne serait plus un mandat donné, mais misérablement escamoté. La loyauté, le bien même de la commune, exigent que le candidat, le jour des élections et les jours précédents, se montre, comme dans les autres temps, sous les apparences vraies de sa franche réalité, et qu'il ne mente à ses concitoyens ni par le maintien, ni par les paroles, ni par les actes.

Donc, pour le besoin de la circonstance et de l'élection, la rudesse habituelle du ton ne sera point remplacée par la bénignité, l'impolitesse par la prévenance, la dureté par la douceur, la morgue par l'affabilité. Le hautain ne se permettra pas les salutations empressées; l'égoïste, concentré tout en lui, les amitiés et les poignées de main; le cœur froid, les démonstrations de la cordialité; le non-officieux, les offres de service.

Le non-croyant ne deviendra pas pieux; l'ignorant savant; le libertin moral; l'avare prodigue. Toutes ces séductions du visage, des poignées de main, des salutations, du maintien, des manières, tous ces témoignages hypocrites d'une bienveillance éphémère, à quoi cela ressemble-t-il, si ce n'est aux coupables manœuvres d'un chevalier d'industrie électorale qui tente de s'introduire furtivement dans le cœur des électeurs pour y voler leur confiance qui, sans cela, ne serait pas venue à lui ? C'est autant de faux passeports qui peuvent avoir l'effet déplorable de gâter la représentation communale par l'introduction d'un indigne.

Oui, on corrompt véritablement par des poignées de main qu'on n'eût pas données, par des salutations qu'on n'eût pas faites, par des sourires qu'on n'eût pas eus, par des honnêtetés qu'on n'eût pas témoignées, sans l'élection, et qui ne se produiront plus après. Cette corruption a beau être absoute par le relâchement de nos mœurs politiques, la loyauté la condamne.

Mais, j'avouerai qu'elle est moins blâmable que celle qui consiste à s'adresser aux cupidités désordonnées, aux désirs illégitimes et à leur promettre une satisfaction qui ne leur est pas due. La première de ces corruptions se paie par une monnaie électorale prise chez soi, dans les grimaces d'une nature forcée, dans la bourse ou dans la cave vidée de celui qui en use ; la seconde, ce qui est bien plus grave, se solde par des intérêts respectables supplantés, par des besoins légitimes sacrifiés à la faveur ; le candidat doit se garder de cette dernière comme d'un crime.

Donc, pour obtenir des votes, il ne promettra pas le sien pour la déviation du chemin qui doit aller droit, pour l'admission à la participation des cotisations affouagères, de celui à qui il n'en est pas dû, pour le dégrèvement de cotes non trop chargées, pour l'allègement d'impôts non trop lourds, pour l'établissement, dans les endroits non convenables, de la maison commune, de la cure, des halles, des fontaines ; pour l'augmentation ou la réduction indue du traitement du curé, de l'instituteur, du garde champêtre, etc. Employer de tels moyens, ce serait acheter l'élection avec le patrimoine de tous, mettre le gaspillage des intérêts publics au service de son intérêt personnel, et usurper, avec ce qui ne lui appartient pas, une dignité qu'il prouve bien ne pas lui être due. Ce serait encore se mettre au service de la cupidité, de la jalousie, de la haine, des plus hideuses passions, et s'en constituer le mandataire obligé.

Il ne faut donc courir par aucun chemin, surtout mauvais, après la confiance des votants. Il faut laisser cette confiance venir à soi, sans l'appeler. Qu'on ne craigne pas d'être oublié, si on ne doit pas l'être, et que le salut du pays soit compromis, si on manque de faire savoir son mérite. Le bon sens du public n'est ni aveugle, ni ignorant. Sa confiance clairvoyante saura bien prendre la direction des hommes qui en sont dignes et les aller chercher, dans quelque obscure retraite que leur modestie les tienne enfermés. L'estime et le choix de la nation ne font pas plus défaut chez nous aux Cincinnatus que dans l'ancienne Rome, et, aussi bien dans nos villages que là, la patrie en députation saura les découvrir et les arracher à leurs travaux rustiques, pour les amener au Forum, où les appellent les imprescriptibles droits de leur mérite et de leurs vertus civiques.

Si cependant, par de ces exceptions qui sont très rares, l'opinion publique, injuste ou égarée, laissait un citoyen dans un oubli immérité, il ne devrait pas se désoler de cet indigne abandon. Certaine conduite noblement désintéressée vaut mieux qu'une promotion due à l'intrigue ; le témoignage de n'avoir rien recherché déshonnêtement est préférable au triomphe d'une cabale, et mieux vaudrait encore priver la commune d'un bon administrateur que de priver la morale publique d'un exemple de vertu.

III.

Ce n'est pas une mince fonction que d'être conseiller municipal. On représente un être moral et imaginaire qu'on appelle une commune et qui n'est pas composée de moins de 5 à 600 individus nullement imaginaires, mais bien physiquement existants, avec des besoins à satisfaire, des vœux à remplir, des cupidités à apaiser, des instincts à épurer, des germes de vertu à féconder. C'est par le conseiller municipal que ces 5 à 600 individus prient, sollicitent, se plaignent. C'est par

son administration, bonne ou mauvaise, que leur bien-
être s'accroît ou décline, que leurs intérêts sont servis
ou compromis, que leur prospérité fleurit ou dégénère.

A l'importance de ces fonctions il faut répondre par
une certaine dignité dans l'extérieur et les mœurs. Nos
conseillers campagnards sont recrutés, pour les trois
quarts, dans la classe laborieuse qui vit dans l'atmosphère poudreux des boutiques, ou au milieu du sol
boueux des champs. On ne saurait donc assurément
exiger qu'ils soient, pour l'honneur de leur dignité,
constamment endimanchés. Mais lorsqu'ils paraissent
en réunion, dans la salle élégante de la mairie, devant
M. le maire, le président de leur république, ou qu'ils
suppléent ce magistrat empêché, dans quelques actes
de ses fonctions publiques, il doit y avoir, sinon de la
recherche, au moins de l'ordre et de la propreté dans
leur tenue.

Lorsqu'on veut se rendre à la foire du canton, ou
qu'on va prendre, en partie carrée sur une table ronde,
le repas d'un ami qui traite, on fait toilette. N'y aurait-
il pas dès lors quelque inconvenance à avoir, lorsqu'il
s'agit d'aller, au palais législatif du village, discuter
les graves intérêts de l'administration communale, une
tenue moins soignée que lorsqu'on va faire ribote dans
un bouge, ou du maquignonnage sur un champ de
foire ?

Le conseiller, lorsqu'il paraîtra en séance publique,

sera donc mis avec soin , sinon avec élégance. Qu'il ait une blouse, soit ; mais qu'elle soit propre ; un pantalon de toile , mais qu'il soit décrotté ; des sabots, mais qu'ils soient nettoyés ; un vieux chapeau , mais qu'il soit dégraissé. Des vêtements maculés, un pantalon garni de boue, un col veuf de cravate, un bonnet terne de crasse, ne signifient point un administrateur par excellence, mais un citoyen très reprochable dans son extérieur, dont le désordre physique présage peu la pureté de ses vertus et l'ordre qui doit exister dans sa tête et ses idées.

Le conseiller complétera son instruction , si elle est insuffiasnte. Lorsqu'il ne touche qu'à ses affaires , il a droit de se ruiner par ignorance ; mais il n'en est pas de même lorsqu'il gère celles du public ; il ne lui est pas permis de les compromettre , encore moins de les perdre, pas plus par ineptie que par incurie.

Il ne ravalera point son caractère, en allant fréquemment s'asseoir au cabaret, en y passant les jours fériés et même non fériés, au milieu des pots, des verres , des cartes, des disputes, des querelles, des rixes. S'il a le malheur d'y entrer, il n'aura pas celui d'en sortir pris de boisson et de livrer, en passant dans la rue , la personne d'un représentant ivre à la curiosité moqueuse de ses administrés, qui rient de ses paroles incohérentes, de ses mouvements excentriques, de ses pas chancelants. Pourquoi a-t-il donc été nommé ? N'est-ce pas pour servir son pays par la contagion de ses vertus et nullement pour scandaliser la morale publique par l'exemple de honteux penchants?

Sa maison ne retentira jamais de querelle avec sa femme, de mauvais traitements dont il l'accable, de brutalités envers ses enfants. Un honorable représentant de son pays ne doit pas être le Néron de son ménage.

Il donnera à ses soupirs la limite tracée par la foi conjugale. Si ses désirs franchissaient cette borne, du moins ses actions la respecteront. Quel rigorisme, dira-t-on? Il n'y a pas de rigorisme, mais seulement une sévérité préventive, afin de maintenir le conseiller à la hauteur de la dignité dont il est investi. Ses galanteries, il aurait beau chercher à les envelopper d'un mystère, selon lui impénétrable; malgré ses soins, il se ferait jour, dans cette nuit, pour quelqu'œil clairvoyant. Dès lors, les propos railleurs, les anecdotes amusantes pour tout autre que pour lui, les historiettes scandaleuses qui courraient de bouche en bouche et iraient amoindrir dans les esprits la considération qu'on avait pour lui. Un ménage où règne le désordre déshonore l'homme privé, en même temps qu'il déprécie l'homme public.

Il sera la personnification de l'honnêteté. Il aura sur la loyauté, la probité, des principes sévères qu'il professera sur tous les tons et dans tous les lieux, au coin

du feu, à sa table , comme dans la rue , comme sur la
place publique , en présence du groupe rassemblé ; il
prouvera , en les pratiquant, que sa vertu n'est point
une vertu de parade , mais qu'elle a des racines pro-
fondes dans son cœur. Il n'injuriera par cris, gros mots,
vociférations, personne ; il ne se rira ni de la religion,
ni de son ministre·, ni du culte , ni de ses cérémonies,
ni de Dieu , ni des hommes. Il ne se targuera point
d'athéisme, ni ne se glorifiera point d'impiété.

En un mot, il sera d'une tenue, dans l'exercice de
ses fonctions, soignée sans être prétentieuse , instruit
sans pédanterie , de mœurs rangées sans rigidité , bon
mari sans faiblesse, bon père sans aveugle tendresse,
honnête sans morgue, loyal sans ostentation, croyant
sans fanatisme, religieux sans bigotisme; c'est-à-dire
qu'il ne partagera ni les travers d'esprit, ni les fai-
blesses de cœur de la masse. Par l'esprit comme par le
cœur il sera supérieur à la foule ; c'est dans cette supériorité qu'est la raison d'être de sa dignité. Autrement, sa place serait parmi les administrés, non parmi
les administrateurs ; dans la foule obscure du peuple,
et non dans la brillante cohorte de ses représentants.

IV.

Le maire de village aura beau avoir un maintien et
un costume vulgaires, des sabots pour chaussure, une
blouse pour habit, un bonnet pour coiffure ; il aura
beau parler au mépris de la grammaire, écrire au mépris
de l'orthographe, se livrer à des occupations peu rele-
vées, paraître à la tête d'un attelage, à la queue d'une
charrue, au milieu d'un champ qu'il laboure ou d'une
vigne qu'il bêche, il n'en est pas moins le chef administratif de la commune, l'élu du gouvernement, le bras

droit de la loi, le père de la famille communale, la tête de la hiérarchie sociale de son village.

A ces divers titres, il a droit au respect de tous. Mais, plus que tous, le conseiller doit témoigner ce respect et saluer en lui le principe incarné de l'autorité, d'abord, parce que c'est l'autorité et que son prestige est nécessaire à la discipline, à l'existence même du corps social de la localité ; ensuite, parce que le conseiller travaillera véritablement au succès des mesures qu'il vote, en fortifiant chez les administrés le principe de leur soumission au maire qui est chargé de les exécuter.

Le conseiller fera donc bien de s'abstenir, en public surtout, de ces airs dégagés envers le maire qui, en amoindrissant, dans l'esprit du peuple qui en est spectateur, l'idée qu'il pourrait en avoir, auraient pour effet de ruiner l'obéissance qu'on lui doit, en en affaiblissant la cause.

En séance surtout, ses colloques avec le maire n'auront rien d'irrévérencieux. Sans doute, il est permis et même beau de développer son avis, de déployer, pour l'appuyer, toutes les ressources d'une puissante dialectique et de s'élever même, quoique dans une modeste salle de mairie, jusqu'à la hauteur de l'orateur. Mais il faut que cet orateur n'ait rien d'une rustique grossièreté, et son éloquence rien d'une campagnarde brutalité. Ses discussions ne seront donc jamais accompagnées de grosses paroles, de clameurs bruyantes, de gesticulations furibondes, de visage empourpré de colère, d'yeux courroucés, de coups de poing sur la table, de trépignements sur le plancher. Tout cela peut prouver la force des poings, des pieds et des poumons, même celle de la table et du plancher (s'ils résistent toutefois), mais nullement celle de l'argumentation, ni des raisons exposées. Ces sorties échevelées sont le langage de la fureur violente, non du bon droit, qui ne se produit jamais que sous les dehors austères d'une dignité calme.

C'est que peut-être, en faisant de l'opposition au maire, on veut gagner les faveurs de la popularité et la réputation d'une robuste indépendance. Peut-être on ne fait tant de bruit à la mairie que pour qu'il ait du retentissement au dehors, que, pour qu'au sortir de la séance, on puisse dire avec orgueil à ses partisans dassemblés le dimanche au cabaret, ou sous le tilleul de la place publique, comment on a énergiquement apostrophé le maire, comment on a bravé son autorité, comment on lui a jeté à la face le reproche amer, le blâme énergique, l'injure même grossière. Ce n'est point à cette source que le conseiller doit puiser ses inspirations, lesquelles ne doivent jamais être dictées que par la considération culminante de l'intérêt public. Ce n'est point à des rancunes personnelles qu'il doit obéir, pour apporter l'outrage au maire ; mais au louable mo-

bile de l'intérêt général , pour lui prêter un concours
sérieux, sincère et dévoué.

Je dis sincère. En effet, il répugne à la loyauté que
le conseiller approuve le maire en face et le condamne
ailleurs ; que, pour atteindre le double but de ses bonnes
grâces et de son discrédit, il donne, lorsqu'il s'adresse
à lui, son adhésion à son administration, et la critique,
la noircisse, l'incrimine, la déchire , lorsqu'il s'adresse
à d'autres. Veut-il être le tribun du peuple, le commis
de ses passions, de ses préjugés , l'aveugle serviteur
de ses goûts , de ses tendances, de ses susceptibilités,
de ses exigences, qu'il l'avoue ouvertement , qu'il le
dise du haut des toits ou des tréteaux, cela aura au
moins un mérite, celui de la franchise. Mais s'il est le
partisan de l'autorité en pouvoir et de ses actes, qu'a-
près s'en être montré l'approbateur à la mairie , il ne
s'en déclare pas l'opposant dans la rue ou à la sous-préfecture ; que la constance de ses opinions ne se mesure
pas sur l'épaisseur d'une porte ; il perdrait à ce double jeu , à cette conduite doublement mensongère,
toute la considération qui est légitimement acquise à la
droiture de caractère et à la fidélité dans les principes.

Je ne veux point dire que le conseiller doive sacri-
fier son indépendance au désir d'obtenir l'agrément
personnel du maire, qu'il doive, dans ce but, être
l'aveugle partisan de ses idées, de ses mesures, en-
chaîné à sa volonté, en un mot transformé en une ma-

chine à encenser la personne du pouvoir et ses actes.
Non , dans l'expression de son vote , il ne subira point
l'impression de l'amitié, pas plus que de la crainte, ni
d'aucun calcul. Son vote ne sera donc émis sous l'influence , ni de l'alignement qu'il désire pour l'avantage
de sa maison et la régularité de sa façade, ni du fossé
qu'il compète pour l'agrandissement de son champ,
ni du garde champêtre qui peut être recommandé ou
non à sa surveillance, ni des procès à redouter pour les
délits éventuels de ses bestiaux pâturants.

Mais il ne faut pas non plus que l'élu de la population
en devienne l'esclave , et qu'il s'inspire de la défiance
généralement aveugle qu'elle a contre toute autorité,
pour faire à celle du maire une opposition imméritée ;
qu'il voie que des charges onéreuses viennent accabler
ce pauvre magistrat, en retour des quelques futiles
honneurs qui résultent de certaines de ses attributions.
Architecte, contrôleur , répartiteur, garde champêtre,
agent-voyer, commissaire de police, gendarme, procureur de la république, le maire doit être souvent tout
cela dans la même journée. Or , pour être à toutes ces
fonctions, il faut nécessairement qu'il ne soit pas à ses
affaires personnelles et qu'il abandonne sa boutique,
son industrie, son commerce, pour répartir l'affouage ,
les impôts, surveiller la construction, suivre la presta-
ion, accompagner les agents du gouvernement, passer
le bail, l'adjudication , découvrir, dénoncer le crime ,

faire arrêter le coupable, etc. Et pour tout le bien qu'il fait, tout le mal qu'il empêche, la caisse municipale n'a pas un sou pour lui ; ses émoluments, il les puise dans la caisse d'ingratitude de ses administrés, toujours bien fournie, et les retire en basses jalousies, en colères dénonciations, en mécontentements injustes, en ressentiments profonds, en haine furieuse. Est-ce qu'un tel fonctionnaire ne mérite pas quelques ménagements? Est-ce que tous ses actes doivent être appréciés comme s'ils étaient tarifés à un prix élevé et rémunérés en bons deniers sonnants aux frais du public? Que le conseiller réfléchisse à ces considérations et qu'il soit juste. Il est plus destiné à aider le maire qu'à le censurer.

Il le renseignera donc dans ce qu'il ne sait pas, l'éclairera dans ce qu'il voit mal, l'encouragera contre les méchants, le fortifiera contre les puissants, le rendra compatissant pour les pauvres, bienfaisant pour les malheureux, juste pour tous ; en un mot, l'empêchera de s'engager dans la voie du mal, le maintiendra dans celle du bien, s'il y est ; l'y poussera, s'il n'y est pas.

Il est possible qu'il convoite de l'œil et du cœur l'écharpe municipale ; qu'en se palpant et se regardant dans un miroir, il ait trouvé que cette écharpe ne ferait de mal ni à ses reins, ni à sa dignité personnelle ; que sa prestance n'est point si impropre à la représentation maritale ; que sa figure est assez façonnée à la gravité du magistrat, son esprit à l'exercice de ses devoirs, son cœur à la pratique de ses vertus. Tout cela, sans doute, peut exister sans phénomène ; mais ce n'en serait pas un non plus que le conseiller se flattât, dans son jugement, que ses vertus eussent un peu moins d'éclat, ses défauts un peu plus de noirceur qu'il ne se l'imagine. Si son ambition seule avait à gagner à cette supplantation, il fera bien d'en réprimer les élans. En renonçant à cette élévation, sa vanité, peut-être, s'en trouvera plus mal, mais le pays s'en trouvera mieux, ainsi que l'ordre moral qui a réparti à chaque mérite une place où il doit se renfermer, sans essayer d'en sortir.

En résumé, le conseiller respectera le maire dans la rue, comme en séance, et le fera respecter de ses administrés par son exemple et ses conseils ; il n'en sera point le détracteur exclusif par une vaine recherche de popularité, le louangeur aveugle dans un but intéressé, le jaloux vaniteux, mais le conseil désintéressé, l'auxiliaire dévoué, n'ayant que le louable désir de pousser la machine administrative, conduite par le maire, dans la voie qui aboutit à la félicité générale de la population.

V.

Devoirs des conseillers entre eux.

Une municipalité est une assemblée de collaborateurs
travaillant à l'œuvre commune de la prospérité générale.
Tous donc doivent réunir leurs efforts dans le sens de
ce but identique et unique. Arrière ces rivalités, ces
jalousies qui viennent trop souvent partager en deux
camps cette milice d'un seul régiment et la ranger sous
deux drapeaux divers! Et pourquoi ces divisions, pourquoi ce désengrenage dans des rouages qui doivent tous
être liés par une action commune et fonctionner pour le

même effet ? Pourquoi ce parti du maire, du curé, de la sœur, de l'instituteur, du garde champêtre, et ce parti contre ? Est-ce que c'est pour ou contre le maire, pour ou contre le curé, pour ou contre la sœur, pour ou contre l'instituteur, pour ou contre le garde champêtre, qu'ils ont été investis par la confiance publique d'une fraction de l'autorité municipale ? Non, c'est pour l'intérêt de cet être moral qu'on appelle la commune, intérêt culminant dans lequel se doivent fondre tous les intérêts subordonnés de ces personnalités qui ont nom maire, curé, sœur, instituteur, garde champêtre. Destinés à élever de concert l'édifice du bien public, qu'ils se gardent de transformer, par leur désaccord, cet édifice en une nouvelle tour de Babel dont l'exécution se trouverait compromise par la confusion des langues, résultant de celle des idées.

En tout temps donc, et surtout lorsqu'une séance sera annoncée pour un objet connu, au lieu de se former en petits groupes ennemis et de monter ces cabales qui paralysent trop souvent le jeu de l'administration, ils chercheront sincèrement à effacer toute trace de désaccord et à arriver, par la voie de concessions réciproques, à une complète entente. A cet effet, ils feront bien de se réunir au domicile de l'un d'eux ; et là, au lieu de ces stériles conversations qui se perdent autour du foyer de nos assemblées campagnardes, au lieu de tenir le propos grivois, de conter l'aventure galante, l'histoire libertine , de médire et calomnier, ils gloseront sur l'objet futur de la délibération. Ces réunions préparatoires sont utiles ; c'est dans elles que les préjugés tombent, que les erreurs se dissipent , que les points ténébreux s'éclaircissent, que les projets s'instruisent, que les questions s'étudient. De ce foyer d'intelligences réunies jaillit un rayon lumineux qui perce à jour les ténèbres que n'eût pu dissiper la sagacité individuelle de chacun. De là, le conseiller sort plus instruit, plus sûr de son choix, plus éclairé sur le mérite de la question, plus préparé à la discussion , plus mûr pour le vote. De là, il se rend au conseil plus apte à tout ce qui va s'y traiter.

Le calme devra présider dans ces discussions, comme la sagesse des solutions devra les couronner. Sans doute, il y aura variété dans les opinions ; c'est une suite inséparable de la diversité qui existe dans les idées, dans les jugements et la portée d'esprit des hommes. Qu'il y ait donc dans le conseil, si l'on veut, une droite et une gauche , que chaque parti ait ses coryphées et ses pygmées , ses orateurs verbeux et ses votants silencieux. Tout cela s'admet et se tolère dans de certaines limites ; mais ce qui ne saurait s'admettre, c'est que messieurs de la droite n'aient pas pour messieurs de la gauche, et réciproquement, tout le respect qui est dû à des convictions sincères, à des opinions consciencieuses ; c'est que leur esprit s'irrite et s'emporte à la moindre contradiction , et que leurs discussions amènent , devant la table des délibérations qui les sé- pare , un feu croisé de quolibets saugrenus, de person- nalités blessantes, d'injures même outrageantes. De tels procédés n'ont pas que le malheur d'être d'une extrême inconvenance , ils ont encore celui d'être très nuisibles, en attisant le feu des passions , qui est plus propre à éblouir qu'à éclairer.

Si, au moins , c'était au zèle du bien public , à la chaleur du dévouement , que soient dues ces sorties et ces vivacités , serait bien sévère qui les condamnerait et qui ne ferait pas grâce aux effets , en considération de la légitimité des causes. Mais elles n'ont pas tou- jours une source aussi pure. Souvent on n'est tumul- tueux et tapageur dans le conseil que pour enlever , par une sorte d'intimidation , ce qui n'est dû qu'au droit, pour se parer d'une certaine vanité triomphale et pouvoir dire , au sortir de la séance, à ses amis, ses parents, ses affidés , qu'on l'a emporté sur ses ad- versaires. Vous l'avez emporté, c'est possible ; mais la justice, la raison , elles, l'ont-elles emporté avec vous, escortent-elles votre triomphe ? Des droits foulés aux pieds , des iniquités commises, des violations de la loi, ne serait-ce point là la déplorable conséquence de votre ovation vaniteuse? S'il en était ainsi , ce serait bien là une victoire à pleurer et à maudire.

S'il ne doit pas y avoir de conseillers dominateurs, il

n'en faut pas non plus qui soient serviles. Il ne faut pas
de ces condescendances de la faiblesse, de ces asservis-
sements aveugles d'un esprit à un autre, comme l'on
en remarque trop dans nos municipalités campagnardes.
Que signifient ces êtres dépourvus de toute initiative,
incapables d'une opinion à eux, qui attendent toujours
que tels membres influents aient exprimé leur vote pour,
comme eux, ouvrir la bouche, articuler les mêmes
sons, rendre le même suffrage? C'est dans sa conscience éclairée, et non dans la tête de son voisin, qu'on
doit prendre son avis. Les mimiques délibérants qui
n'agissent jamais par leurs propres inspirations, mais
par un ressort étranger, ne sont que des machines re-
présentatives indignes de la libre et indépendante mission qui leur a été confiée.

En résumé, les conseillers municipaux seront unis
sans servile asservissement de l'un à l'autre. Ils
s'éclaireront mutuellement sans se régenter; se con-
certeront, sans se coaliser; discuteront, sans se que-
reller. Ils auront tous et toujours, non le même avis,
sans doute, mais le même désir, celui de bien administrer les affaires de la commune. Si des divisions
surgissent parmi eux, elles ne prendront jamais leur
source que dans l'intérêt public, et ne se produiront
que sous des dehors calmes; jamais elles ne déshono-
reront leur caractère et toujours elles honoreront leur
patriotisme.

VI.

Devoirs du conseiller envers ses administrés et la commune

Il est très beau, assurément, d'être élevé, par la confiance d'une population, au rang de son mandataire; de compter au nombre de l'élite de ses concitoyens et d'avoir un rayonnement de l'auréole municipale. Mais à côté de l'honneur, ses exigences, à côté de la dignité, ses charges, aux droits concédés correspondent des devoirs imposés. Ces devoirs ont pour objet les administrés et la commune.

§ 1er — Sa sollicitude pour les administrés en général.

Indépendamment des autres attributions dn conseiller, il en est une qu'il ne doit pas perdre de vue, c'est qu'il est l'intermédiaire officiel placé sur les degrés du pouvoir pour faire parvenir à celui-ci, personnifié dans le maire, les demandes, les réclamations, les plaintes de ses administrés, et les appuyer de son autorité, lorsqu'elles lui paraissent fondées.

Il aura donc toujours l'attention éveillée et l'oreille attentive pour entendre les plaintes légitimes de ses commettants, et le cœur zélé pour dénoncer au maire : par exemple, la maison qui périclite et qui menace en tombant d'écraser les voisines et leurs habitants ; les embarras qui gênent la circulation, le précipice qui la compromet, les imprudences qui peuvent amener l'incendie ; la rivière qui menace de déborder ; les délits ruraux qui se commettent ; les dommages moraux qui se font dans le cœur de la jeunesse par la fréquentation des tripots et des maisons de débauches dissimulées, etc., etc...; en un mot, tous les abus que l'intervention du maire peut arrêter, tous les désordres qu'elle peut réprimer, tous les maux qu'elle peut ou prévenir ou châtier. Aucun besoin ne doit se produire, aucune souffrance se révéler, aucun gémissement se faire entendre, sans que son cœur s'en émeuve et sans que sa voix appelle du secours.

§ 2. — Ses soins pour les pauvres en particulier.

Il est une classe de la population , celle des pauvres, qui doit surtout être l'objet de ses préoccupations. Les pauvres , c'est la classe qui ploie sous le fardeau , qui sue au soleil brûlant, grelotte aux frimas , vit de pain noir et sec , d'eau insipide et énervante , s'épuise de travail lorsqu'elle a la santé , et effraie par sa misère , lorsqu'elle gémit sur le misérable grabat de la chaumière.

Et cependant , selon les desseins providentiels de l'éternelle justice , lorsque cette classe fut jetée sur la terre, elle ne devait pas avoir que des maux en rencontre ; on doit bien admettre qu'un patrimoine de biens aussi lui était réservé ainsi qu'aux riches. Elle avait droit comme eux, sans doute, au repos réparateur, au paletot ouaté , au pain blanc , au vin généreux , au lit moëlleux, aux médicaments bienfaisants, au traitement des médecins.

Elle se trouve aujourd'hui déshéritée de ces avantages. A côté de l'opulence dorée qui parcourt les chemins fleuris de la vie, au milieu des éclats de rire d'une joie folâtre , on voit souvent se traîner la pauvreté déguenillée , triste, gémissante , portant le tourment permanent d'appétits qu'elle ne saurait satisfaire et le fardeau d'une vie désolée par la misère et la douleur. Quoique cette inégalité , dans ces deux classes , soit trop souvent le produit légitime de leur conduite diverse, l'enfantement naturel de leurs vices et de leurs vertus, l'humanité ne doit pas moins s'en émouvoir et chercher à rétablir, autant que le permettent la condition et la justice humaines, l'équilibre moral des destinées si profondément rompu. Des nations généreuses ont travaillé à ce louable but, en émancipant politiquement les classes inférieures de la société et glorifiant la bienfaisance qui s'adresse à elles.

La France est à la tête de ces nations. Chez nous, le conseiller municipal doit donc s'inspirer de ce généreux esprit national et contribuer à cette œuvre réparatrice, autant qu'il le peut dans la sphère restreinte où se meut son action.

Lors donc qu'une demande sera apostillée par la pauvreté, que des intérêts souffrants auront l'indigence pour organe, le conseiller sera d'autant plus zélé à les patroner. Il votera par acclamation l'édification des établissements de bienfaisance, destinés au soulagement des infirmités et de l'indigence, trop souvent de compagnie. Il ne se bornera pas, envers les pauvres, à cette protection officielle, il leur doit plus qu'un autre aussi des secours officieux. Donc, en vertu de son titre, comme de son cœur d'homme, il figurera, pour les soulager, sur la liste de souscription, pour un chiffre plus élevé que celui d'un simple administré ; son morceau de pain sera plus gros, sa pièce plus pesante, son offrande plus large, son aide plus efficace, pour la mendicité qui frappe à sa porte. Noblesse oblige. Or, les fonctions municipales sont les titres de noblesse du citoyen qui en est investi.

§ 3. — Ses conseils à tous.

Le conseiller fera bien d'étendre sa bienveillance envers ses administrés, au-delà de ses devoirs officiels, et d'user de la salutaire influence de ses conseils pour les diriger dans la pratique de la vie. Il s'efforcera donc, sous la cheminée, autour de la table du festin, étant assis sur le banc de pierre ou en cheminant ensemble, partout enfin, de leur faire comprendre par son exemple et l'autorité de sa parole, le bénéfice d'une vie réglée et les conséquences désastreuses de l'immoralité ; comment le travail enrichit et amende physiquement et moralement, comment l'incurie compromet son modique patrimoine et la paresse le ruine, comment il perd au cabaret son argent, sa réputation, sa raison, tandis que son champ et sa vigne, privés de son travail, perdent leur fertilité ; comment les procès ruinent la bourse et la concorde, et comment un esprit arrangeant prévient leurs suites funestes par la conciliation. Et au besoin, se faisant fort de le prouver, juge de paix sans toque et sans traitement, il leur offrira gratuitement ses avis, ses consultations, son temps, sa connaissance des lois, sa science et sa justice, s'estimant trop heureux et trop grassement payé de son officieuse intervention, si elle a abouti à prévenir ou faire cesser un litige ruineux et les haines qui s'ensuivent. — Il les engagera à renfermer leur exploitation industrielle ou agricole dans les modestes limites de leurs moyens intellectuels et pécuniaires, plutôt que de lui donner, par une vaine ostentation, un essor démesuré qui aboutit ordinairement à de cruels mécomptes et à de désolantes catastrophes. Il les prémunira contre les enivrements de la prospérité, contre les découragements du malheur ; les sauvera, dans leurs besoins, des griffes de l'usure, en leur indiquant les bourses désintéressées, en leur offrant même la sienne ; les arrêtera au seuil des spéculations mauvaises, les lancera dans les productives, les éclairera des lumières de sa science ou de son expérience, en les initiant aux progrès des arts, aux innovations avantageuses, aux perfectionnements désirables, etc., etc. Enfin, il ne se bornera pas à être leur représentant légal ; il sera encore leur conseil officieux, leur moraliste, leur précepteur bienveillant, leur appui généreux, leur ami sincère, c'est-à-dire qu'il ne se contentera pas de décréter leur bonheur dans de sages délibérations, il leur indiquera encore, dans la vie, le sentier qui y conduit.

§ 4. — Sa sollicitude pour la commune.

La commune est un être collectif composé de 5 à 600 habitants formant la famille communale, et de bâtiments et de propriétés publics destinés à la satisfaction des besoins et du bien-être de cette association. Donc, améliorations matérielles et morales des individus qui composent cette famille, fructification et répartition équitable entre eux du patrimoine public, sont autant d'objets qui doivent exciter la sollicitude du conseiller. Rien ne doit surpasser la vivacité et la constance de cette sollicitude. La commune! Mais ce doit être pour lui sa favorite, sa maîtresse, son idole; il faut qu'il en cause lorsqu'il parle, qu'il y pense lorsqu'il ne dit rien, qu'il en rêve lorsqu'il dort, qu'il soupire après lorsqu'il est éveillé.

Que signifient ces mandataires insouciants qui laissent dormir d'un profond sommeil, dans leurs mains, le droit que leur a conféré l'élection, qui ont la plus complète indifférence pour les objets soumis à leur vigilance et qui ne daignent pas même assister aux délibérations où on doit s'en occuper? Et pourquoi ont-ils donc été nommés? Est-ce que c'est pour faire une synécure de leurs fonctions si grosses d'importance et se rattachant à des intérêts si palpitants? Est-ce que c'est pour qu'ils s'endorment sur leurs trônes et fassent les rois fainéants du village? Est-ce que c'était uniquement pour honorer leur nom d'un titre stérile et ceindre leur tête de l'auréole de la gloire municipale? Non, assurément, le peuple qui les a élus n'a pas songé qu'à leur décoration et à la satisfaction de leur vanité ; les honneurs dont il les a investis, il ne les leur a pas donnés gratuitement , il en a fait le prix de services qu'il attend d'eux.

Le conseiller aura donc une sollicitude active , fréquente, pour tous les besoins de la commune. Il songera, le soir, le matin, entre le soir et le matin, à toutes les heures de la journée et à quelques-unes de la nuit, à la classe ouvrière du village qui végète dans l'incurie faute de travail , aux productions de la commune qui s'avilissent faute de débouchés, à la jeunesse qui croupit dans l'ignorance faute d'instruction , à la maison commune qui se lézarde , à l'église qui menace ruine , à la rivière qui menace de déborder , au chemin qui se pourrit faute de réparations. Qu'il se pénètre bien qu'il a à répondre à sa conscience et à l'opinion publique, devant les hommes et devant Dieu, de tout le mal et de toute l'absence de bien qui pourraient être imputés à son incurie, par exemple, et dans les suppositions que je viens de faire, de la misère de la population laborieuse, de la souffrance de l'industrie et de l'exploitation locales , de l'abrutissement intellectuel de la jeunesse, de la ruine des bâtiments publics , de l'impraticabilité des chemins.

Qu'il ne prétende pas abriter sa responsabilité derrière celle du maire, par cette raison que son intervention est légalement limitée aux objets soumis à ses délibérations par le maire. On lui répondra qu'une vaste marge est offerte à son initiative, dans les quatre sessions légales créées annuellement ; qu'alors sa capacité a tout l'espace voulu pour se mouvoir, puisqu'il peut, même contre l'agrément du maire, faire franchir le seuil des délibérations à toutes les motions qui seront le fruit de ses réflexions et de ses élaborations. Cette prétendue restriction légale de ses attributions ne serait donc point une justification satisfaisante de son inaction.

§ 5. — Son désintéressement et son dévouement.

S'il est une qualité par laquelle doive briller le conseiller, c'est assurément par le désintéressement. Ce n'est point pour exploiter ni scandaleusement, ni occultement, sa position de mandataire, qu'elle lui a été donnée, ni pour faire ses affaires personnelles aux dépens de celles de la commune, qu'il doit servir. Entendre ainsi son mandat, c'est-à-dire faire du pouvoir qu'il tient de la confiance publique, et pour un objet public, un instrument de spéculation privée, c'est une indigne profanation d'une fonction sacrée.

Le conseiller ne profitera donc point de son pouvoir,

ni de l'influence qui peut y être attachée, pour obtenir
un alignement trop favorable, un allègement indu d'impôts, pour faire appeler à la jouissance de portions affouagères ses parents , ses amis, qui n'y ont pas droit,
pour placer dans l'entreprise du bâtiment public les
produits vicieux de sa tuilerie , de sa carrière , de son
four à chaux , de ses bois viciés , sa serrurerie défectueuse, sa menuiserie non recevable ; pour préposer,
par des raisons de famille , à la surveillance des délits
ruraux, un indigne garde champêtre ; à celle des bestiaux, un mauvais pâtre ; à la réparation des chemins,
un oisif cantonnier ; à l'instruction de la jeunesse, un
inepte instituteur ; pour faire jouir ses enfants d'une
exemption de la rétribution universitaire, que son aisance condamne ; pour faire affecter les ressources vi-
cinales aux chemins qui tendent à sa maison ou à ses
propriétés, au préjudice d'autres plus utiles et plus
mauvais ; pour obtenir le curage, le redressement de
telle portion de rivière, le comblement de telle autre ,
au grand avantage de ses intérêts, au grand mépris de
la justice ; pour se faire adjuger, à un haut prix, l'entreprise publique, à un bas prix le loyer du terrain
communal, etc., etc.....

Au contraire, il abandonnera avec plus d'empressement qu'un autre, avec moins de retour d'aucun profit, plus gratuitement enfin, une portion de son terrain
pour l'établissement du chemin vicinal, une portion de

sa maison pour l'élargissement de la rue, une portion
de son temps pour être employé au service des intérêts
de la commune, une portion de son travail, de ses
soins, pour empêcher ou réparer les ravages de l'incendie, des débordements, de l'épidémie, une portion
de sa bourse pour le soulagement de la misère publique. En un mot, sa part dans le fardeau des charges
publiques pèsera quelques livres de plus ; dans le fonds
des bénéfices corrélatifs, elle pèsera quelques livres de
moins que celle de tout autre. Il sera un des premiers
dans les sacrifices, dans les actes d'abnégation et de
dévouement, un des derniers dans les bénéfices et les
actes de rémunération. Cette condition lui paraîtrait-
elle dure, on lui objectera que, si la loi l'a fait électeur, c'est l'opinion de sa supériorité morale qui l'a
fait élire, et que, pour se maintenir digne de cette élection, il faut que son dévouement de tous les jours soit
une justification de cette supériorité. Malheur donc à
son intérêt quand il se trouvera en opposition avec celui
de la commune ! Ce sera un intérêt sacrifié. Malheur
aux siens, à ses parents, à ses amis, aux parents de
ses parents, aux amis de ses amis, quand ils voudront
se servir de son influence, se couvrir de sa protection,
pour entamer, endommager, ravir la chose publique !
Ils lui trouveront l'austère et inflexible vertu d'un
Caton, tout prêt à faire, pour le bien de la petite république qu'il représente, les sacrifices qui peuvent le

plus coûter aux sentiments de la nature et à ses intérêts.

§ 6. — Ses soins pour les revenus communaux.

Une des principales attributions d'un conseiller municipal, c'est de veiller à la fructification des revenus
communaux et à leur judicieuse et féconde application.
Chaque commune a son petit trésor qui, chaque année, se remplit plus ou moins, selon que les revenus
mieux exploités y coulent plus ou moins abondamment,
et chaque année aussi se vide avec plus ou moins de profit pour la chose publique, selon que les dépenses ont
reçu une affectation plus ou moins féconde. Généralement, les ressources communales ne consistent guère
que dans le produit de certains cantons de bois parta-
gés périodiquement entre les habitants, moyennant certaine cotisation affouagère, et dans le rapport de certains autres cantons mis hors de partage, vendus aussi
périodiquement, au profit de la commune, sous le nom
de réserve, et dans le produit d'autres terres labourables ou livrées à la pâture, appartenant à la commune.

L'époque de la vente des réserves est le sujet de
dissentiments fréquents entre les municipalités et l'administration qui a reçu mission de veiller à la conservation de ces bois. Les premières sont ordinairement

pour les jouissances hâtives ; la seconde pour les abandons tardifs. Le conseiller comprendra qu'il faut se mettre en garde aussi bien contre les précipitations de sa hache trop destructive, que contre l'inertie de la hache, souvent trop long-temps émoussée, du conservateur, et que le bien est placé à égale distance de l'abus de la jouissance et de l'excès de la conservation.

Quant aux terres non boisées, il convient le plus généralement de les affermer plutôt que d'en abandonner la jouissance indistinctement à la communauté. Que voulez-vous que fasse de vos pâturages le journalier qui ne peut se pourvoir que du pain quotidien et qui n'aura jamais un pécule suffisant pour y amener un seul mouton ? A quoi lui servent alors l'étendue de ces terrains, leur position avantageuse, les eaux qui les fécondent, leur fertilité, l'abondance et la qualité des graminées qu'ils produisent ? Dans ce cas, c'est le riche fourni en bétail, comme en tout, qui profite, aux dépens du pauvre, qui n'est fourni en rien. Le patrimoine commun se trouve inégalement partagé. On charge le plateau de la balance qui advient à celui qui a, tandis qu'on ne met rien dans le plateau de l'indigent. Cette inégalité est détestable ; elle blesse la justice et l'humanité. Le conseiller ne la sanctionnera pas par son vote ; il la combattra, au contraire, avec toute l'énergie que donne le sentiment de l'équité blessée, et réclamera avec instance l'affermage de ces terres, dont le produit, partagé ou consacré à des monuments publics nécessaires à tous, sera d'une égale utilité à tous les membres de la famille communale.

Il peut être encore d'autres ressources qui, pour être éventuelles et momentanées, n'en sont pas moins précieuses, telles que le produit des boues provenant du nettoyage des rues et chemins, le loyer des halles, du champ de foire, etc., etc. Ce sont autant de petits filets qui peuvent gonfler la source alimentaire de la fortune publique; le conseiller les trouvera dignes de son attention et sera soigneux de faire rendre à ces petites branches de revenu tout ce qu'elles peuvent donner. En général, il ne négligera rien de ce qui peut grossir le trésor communal et accroître les moyens de faire face aux dépenses qui peuvent se présenter.

VII.

Devoirs du conseiller envers le gouvernement.

Le gouvernement est cet être de raison imaginé par
les sociétés civilisées, pour administrer les affaires de
la nation, qui se repose sur lui de ce soin, et exercer
la protection commune. C'est ce qui fait la police avec
des commissaires portant longues épées et des gendarmes armés de longs sabres ; ce qui rend la justice
avec des juges pourvus d'une grande science, d'une
grande robe noire et de rabats blancs ; ce qui fait
la guerre avec des bataillons alignés et marchant en

cadence ; ce qui fait la paix avec des ambassadeurs munis d'un uniforme brillant, d'un caractère officiel et d'une gravité commandée ; ce qui fait l'administration intérieure avec des préfets et des sous-préfets ; ce qui creuse les canaux, construit les routes, les ports, les fortifications, au moyen d'une armée d'ouvriers, dirigés par des ingénieurs à son service, en payant tout cela au moyen d'un impôt prélevé sur la bourse de chaque citoyen, en proportion de la quantité de biens, personnes ou choses, qu'il a à sauvegarder, et de la somme de protection sociale qu'on a à lui accorder.

Chacun donc, en versant mensuellement un impôt tarifé par la loi, a droit, le cas échéant et le besoin se présentant, à sa part de force publique, à sa part de justice, de protection nationale, d'administration intérieure, de prospérité due à l'exécution féconde de travaux publics, etc., etc. Il se passe ainsi tacitement, entre le gouvernement et les particuliers, une espèce de contrat synallagmatique, d'après lequel ceux-ci, en donnant certaine chose, qui est généralement un tribut pécunier, en obtiennent certaines autres qui s'appellent morale, religion, protection publique, respect des transactions, des propriétés et de tout ce qui fait le fondement de la civilisation et l'honneur des sentiments humains.

Dans ce contrat, les obligations des particuliers sont pesées exactement dans un trébuchet arithmétique et

consistent en une somme ronde parfaitement détermi-
née sur le rôle du percepteur, quant à son chiffre et à
sa valeur. Il n'y a pas autant de précision dans les obligations de l'Etat envers les particuliers ; celles-ci ne
suivent pas toujours la proportion du chiffre qui les
paie ; elles ont encore une autre mesure forcée ; elles
sont limitées par des possibilités ou des impossibilités
matérielles ou morales, qui ne sont pas l'œuvre de
l'Etat, et dont il subit fatalement l'influence. Ainsi, que
les esprits soient sages, soumis aux lois, aux principes
éternels de la justice, à la religion du devoir, l'ordre,
dans ce cas, se maintenant pour ainsi dire de lui-même
par la sagesse commune, l'Etat aura peu de dépenses à
faire pour la police de la nation et pourra affecter la
plupart de ses ressources à d'autres objets et distribuer
à chaque citoyen une meilleure part de morale religieuse, d'instruction, de travaux publics de toute sorte.
Que les mêmes esprits se montrent, au contraire, in-
quiets, indisciplinés, rebelles à la loi, turbulents, révolutionnaires, la majeure partie des ressources nationales sera usée en conservation d'ordre matériel, et
l'Etat, alors, dépensant plus en soldats, en canons,
en gendarmes, donnera moins de bourses dans les col-
léges, moins de primes à l'agriculture, moins de secours lors des épidémies et des disettes, moins de cu-
rés, d'instituteurs aux campagnes qui en manquent,
moins de canaux aux pays secs, moins de routes, de

chemins, aux contrées qui en ont besoin. D'où il résulte que plus un peuple est sage, plus un gouvernement est efficace pour le bien ; moins au contraire un peuple est docile aux bons instincts, moins le gouvernement a de fécondité bienfaisante.

On voit ici se faire jour un principe nouveau qui heurtera sans doute les idées des critiques éternels de tous les gouvernements, mais qui n'en est pas moins vrai. Ce principe, c'est que ce sont les peuples qui font par leur conduite les bons ou les mauvais gouvernements, et que, lorsqu'ils ont à s'en plaindre, c'est presque toujours aux tracasseries qu'ils leur causent qu'ils doivent imputer l'impuissance dont ils les accusent. Oui, monsieur le conseiller, si le gouvernement est, comme vous le prétendez, et comme j'en conviens avec vous jusqu'à un certain degré, une machine de prospérité publique, pénétrez-vous de ceci : que, si vous ou vos administrés gênez le fonctionnement de cette machine par des résistances déplacées, vous affaiblissez inévitablement sa puissance de bienfaisance et vous amoindrissez la somme des résultats désirables que vous en attendez.

Nous avons une vieille réputation d'esprit frondeur bien justifiée ; nous avons, de tous temps et sans miséricorde, déchiré tous les gouvernements en exercice et, si nos gouvernants ont jamais valu quelque chose, ce n'a guère été qu'après leur mort.

De nos jours, surtout, cet esprit de critique gouvernementale s'est propagé d'une manière effrayante. Chacun prend le gouvernement à partie, l'inspecte, scrute,
juge ses actes, le régente, le redresse à sa façon ; tous
portent la main au gouvernail, au risque de voir s'abî-
mer le vaisseau de l'Etat sous l'effet du tiraillement
d'une direction contrariée. Surtout, on a des exigences
outrées sur l'étendue de la mission qu'on suppose à ce
gouvernement. Crises commerciales, misères sociales,
maux domestiques même, tout le mal qui survient, on
l'impute à sa faute. L'inhabileté, la paresse, s'en prennent à lui ; l'une, de la maladresse de ses spéculations,
l'autre de la stérilité de son inaction. C'est, bien en-
tendu, la faute du gouvernement si se sont ruinés, un
manœuvre en faisant trop la saint Lundi, un cultivateur
en négligeant la culture de ses terres, un spéculateur
en se jetant dans une entreprise aventureuse dont les
résultats ont trompé ses espérances. Pourquoi le gouvernement a-t-il fait ceci ? Pourquoi n'a-t-il pas fait
cela ? Pourquoi n'a-t-il pas créé telle prospérité, con-
juré telle calamité ? On le traduira bientôt aux assises
de l'opinion pour n'avoir pas liquéfié l'air dans un temps
sec, ne l'avoir pas raréfié dans un temps humide ; enfin,
pour n'avoir pas discipliné à sa volonté la Providence
et gouverné l'atmosphère.

Le gouvernement, selon beaucoup d'imaginations,
c'est un vaste laboratoire où doit se fabriquer, par la

main habile d'alchimistes sociaux, qu'on appelle ministres, la prospérité générale, et d'où elle doit ensuite découler sur tous les membres de la nation, qui n'ont qu'à l'attendre les bras croisés. Il y a là une erreur énorme, monsieur le conseiller, que vous ne devez pas partager et qu'il faut même vous efforcer de dissiper partout où vous la trouverez régner. Que vos administrés le comprennent bien, et vous aussi ; ce n'est pas trop de la prévoyance individuelle, jointe à la prévoyance gouvernementale, pour pouvoir vaincre la malignité du sort, la dureté des temps et sortir triomphant des traverses de la vie. Chacun doit être un peu sa Providence à soi-même et ne pas confier exclusivement au gouvernement le soin d'un bonheur dont nous devons être les principaux artisans.

La sphère des attributions de l'État et le champ de sa responsabilité sont bien plus bornés. Avez-vous un prêtre pour apprendre le Bon Dieu et une église pour l'abriter, ainsi que les nombreux fidèles qui viennent, de temps en temps, s'agenouiller autour de son tabernacle? Avez-vous une salle d'école et un instituteur pour faire succéder aux jeux de la balle, de la chique, que ses disciples marmots, insouciants de l'avenir, ne demanderaient pas mieux que de rendre éternels, les leçons plus profitables de la science élémentaire, de la morale et de la religion? Quelque route bien entretenue vous relie-t-elle avec les centres administratifs et commerciaux? La police, à cheval sur deux montures de gendarmes, galoppe-t-elle, chaque semaine, dans votre localité, pour y jeter son coup d'œil vigilant? En cas de vol et de meurtre, la justice criminelle, incarnée dans un procureur de la république à figure austère, dont l'aspect fait pâlir les méchants en même temps qu'il reconforte les bons, y arrive-t-elle promptement, y saisit-elle le lendemain les coupables de la veille pour les déférer aux tribunaux? Les différends entre les habitants de votre commune sont-ils religieusement jugés; les délits qui s'y commettent, impitoyablement condamnés au prétoire du chef-lieu de canton; les crimes qui l'ont désolée sont-ils frappés de la peine qu'ils méritent aux assises du chef-lieu de département? Vos intérêts communaux sont-ils soigneusement sauvegardés, habilement fécondés par l'administration éclairée d'un préfet et d'un sous-préfet? Si vous avez tout cela, vous possédez à peu près tout ce que peut donner un bon gouvernement.

Ce n'est peut-être pas là, monsieur le conseiller, l'opinion de quelques hommes d'état de votre village, dont la tête, quoique mal peignée et grossièrement coiffée, n'en est pas moins devenue, depuis peu, le domicile de conceptions sociales qu'ils prétendent sublimes et dont ils rêvent l'accomplissement. Ce n'est pas, en un mot, absolument l'avis des quelques socialistes qui illustrent votre localité. Cherchez bien, et je serais bien surpris si vous ne trouviez pas, dans quelque coin de votre village, des gens de l'espèce nouvelle que je viens de vous signaler.

Vous n'avez peut-être pas précisément des individus qui raisonnent et qui comprennent les systèmes d'organisation sociale, plus ou moins fantastiques, plus ou moins alambiqués, de nos prétendus réformateurs modernes. Mais vous avez pour sûr des gens qui sont infestés de l'erreur et du poison communs à toutes ces doctrines, c'est-à-dire d'idée exagérée des devoirs de l'Etat et de leurs droits personnels, de la haine de leur avoir trop modeste, de leur position trop infime, et d'une envie dévorante à l'endroit des supériorités sociales, qu'elles ne peuvent pas plus souffrir qu'égaler.

Ne connaissez-vous pas Pierre dans tel quartier, Jacques dans tel autre, n'ayant ni champ sous le soleil, ni argent dans la profondeur de leur bourse, pour en acheter, mais ayant un immense désir de ce terrain fertile d'autrui, de ce vaste pré, de cette vigne féconde qu'ils convoitent de l'œil et du cœur, et qui flairent, l'eau à la bouche, les sensualités que leur imagination leur peint étalées sur la table du notaire et du médecin, les aristocrates de l'endroit.

Eh bien! voilà des socialistes de la vraie et pernicieuse espèce. Ce ne sont pas peut-être des ravisseurs éhontés qui veulent s'emparer effrontément et violemment des biens d'autrui, mais d'habiles matois qui

tendent à se les faire adjuger gratuitement en vertu de
lois spoliatrices nouvelles, et avoir ainsi les profits du
vol, tout en en laissant à la loi la malhonnêteté. Dites
à Pierre et à Jacques, monsieur le conseiller, qu'ils
pourront avoir les biens qui forment l'objet de leur
convoitise, mais seulement quand ils les auront achetés
au moyen d'argent bien sonnant et bien compté, gagné
par un travail actif ou une industrie licite, et que, s'il
en était autrement, si l'on foulait aux pieds, dans la
transmission de la propriété, les principes de la justice
éternelle, c'en serait fait de la civilisation et de notre
société, qui se perdraient en emportant tout dans l'a-
bîme, sans excepter Pierre et Jacques.

Mais j'entends ceux-ci se regimber contre mes principes et me dire : « Si le travail personnel est le seul
instrument de fortune que vous nous accordiez, nous
avons droit de nous irriter, de nous insurger contre la
société, contre le gouvernement, lorqu'ils ne nous en
donnent pas.

Il y a là encore une erreur funeste que vous devez,
monsieur le conseiller, d'autant plus combattre, que
des passions ambitieuses l'ont perfidement exploitée.
On se fait, voyez-vous, illusion sur la puissance et la
fortune de l'Etat ; on les voit à travers un verre grossissant. En effet, quelles sont donc les ressources de l'Etat?
Un modique prélèvement fait, à titre d'impôts, sur les
ressources de tout le monde, et hypothéqué par de

nombreux services publics. L'Etat aura beau avoir un gros budget, être riche enfin, il ne le sera jamais autant que ce qu'on appelle tout le monde. La fortune nationale est composée des capitaux des innombrables individus qui forment un peuple ; mais c'est l'immense Océan ayant pour fleuves d'alimentation toutes les fortunes particulières! La fortune de l'Etat, au contraire, n'est qu'un modique réservoir nourri très sobrement par ces maigres filets, ayant nom d'impôts, dérivés de la fortune publique. C'est donc non à l'Etat, mais à cette fortune nationale qu'il faut s'adresser pour avoir du travail ; c'est elle qui en est la fournisseuse générale Les capitaux privés, qui sont le sang du corps social, il faut tâcher de les amener dans ses veines.

Or, il n'y a pour cela que deux moyens, l'un violent, révolutionnaire, et qui consisterait, dans un moment de victoire socialiste, à aller, aidé d'un serrurier officiel protégé par quatre fusiliers, arracher des secrétaires les capitaux que la peur y tient blottis, et à les amener forcément sur le marché national. Ce moyen, je n'ai pas besoin de le déclarer immoral, mais je certifie qu'il serait complètement inefficace, car les écus sauraient bien, en s'enfouissant dans mille cachettes imperceptibles et introuvables, déjouer la clairvoyance de la police spoliatrice.

Il en est un autre, le seul légitime, c'est d'amener ces capitaux, par l'attraction de la confiance, au jeu des spéculations industrielles. La confiance, c'est elle qui, par l'appât magique d'un gain lointain, attire les capitaux dans les voies de la circulation, multiplie les transactions commerciales et alimente le travail. C'est elle la vraie pourvoyeuse du travail. Le commerce ne va pas, disent quelquefois les ouvriers; à bas le gouvernement! Le commerce ne va pas, c'est possible; mais à qui la faute? N'est-ce pas surtout à ceux qui, dans les cabarets, sur la place publique, tuent la confiance qui le vivifie, en affichant le mépris des droits les plus respectables, en attaquant la propriété, qui était jusqu'alors restée debout et vénérée sur des fondements séculaires ; en répondant, par la menace insurrectionnelle, au rejet de leurs exigences outrées, de leurs prétentions injustes? Le commerce est un fleuve alimenté par la confiance publique ; quand, en tuant celle-ci, on a tari sa source, doit-on s'étonner ensuite si son lit, plus bas, se trouve à sec et ne fournit plus d'eau fécondante aux vallées qu'il traverse?

Le commerce ne va pas, à bas les riches! Et pourquoi, s'il vous plaît? Quel est donc l'insensé qui, alors que l'horizon politique est chargé de tempêtes, irait, je ne dis pas aventurer, mais engager, avec assurance de les perdre, ses capitaux dans des entreprises qui ne sauraient prospérer qu'au sein d'une sécurité complète? Et dans quel code trouverait-on une loi d'iniquité et de spoliation qui, en amenant forcément les capitaux sur le marché commercial, imposerait à un homme l'obligation de se ruiner, pour soulager des souffrances populaires qu'il n'a pas faites? Bénissons l'humanité qui se sacrifie pour soulager, mais ne vénérons pas moins sa sœur immortelle, la justice, qui a rendu ces sacrifices volontaires et protégé tous les droits.

Et pourquoi à bas ceci, à bas cela? Pourquoi ces accents de colère contre la société? Parce que le destin vous a trompé dans vos désirs, débouté dans vos espérances; parce qu'il a déjoué vos calculs, confondu les rêves dorés de votre imagination. Mais est-ce qu'il n'a pas toujours, avant la République, comme maintenant, exercé sa malice sur la pauvre humanité? Et puis, est-ce bien par des commotions révolutionnaires qu'on arrive au perfectionnement social? Une révolution, c'est un orage politique. Cet orage politique, comme un orage atmosphérique, peut produire quelque bien partiel; ses vents et ses flots peuvent ramener à la surface quelques individualités gisant inaperçues dans les couches sociales inférieures. Mais quelle immensité de maux pour un bien très limité! Que d'existences compromises, ruinées! Que de branches de commerce frappées de mort! Que de manufactures, d'ateliers, naguère retentissants, réduits alors au morne silence de l'inaction! Que de perdants à ce jeu terrible des révolutions, pour peu de gagnants! Les ouvriers de votre commune, monsieur le conseiller, comme de toutes autres , ne seront jamais des derniers , dites-le leur bien. L'histoire est là, d'ailleurs, qui a déjà enregistré bien des révolutions, mais qui n'a pas encore montré, comme quelques-uns de leurs effets, l'artisan devenu chef de manufacture , le bûcheron propriétaire de la forêt, l'homme de peine passé de la masure dans les splendides palais de l'opulence.

Surtout, comprenez bien, monsieur le conseiller, le mécanisme du gouvernement actuel que nous possédons et les conséquences qui en découlent. Fondé par le suffrage de tous, c'est le gouvernement de tous par tous. La volonté générale s'exprime par l'organe de la majorité des représentants ou délégués de la nation. Tout citoyen doit obéissance aux lois édictées par cette majorité ; elle a constitutionnellement toujours raison , et le malheureux qui , dans un gouvernement de suffrage universel, place sa volonté au-dessus de la volonté générale , exprimée par la majorité, est un tyran de la communauté ; il s'insurge contre la souveraineté populaire et mérite de passer du cabaret, où peut-être il déclame ses prétentions insurrectionnelles, dans les cabanons de la nation, où on les punit.

De ce qui vient d'être dit, monsieur le conseiller, naissent pour vous les règles de conduite suivantes : Vous comprendrez que le gouvernement est une espèce de Providence conventionnelle placée en haut de la société pour en sauvegarder les intérêts généraux ; mais vous saurez aussi que sa puissance de bienfaisance est subordonnée à la soumission des citoyens à ses vues e' à ses lois. Vous vous garderez donc bien, pérorant au milieu d'un groupe de paysans ignares, et pour gagner près d'eux une réputation de profond politique, de censurer amèrément, de mépriser hautement, d'injurier grossièrement ce gouvernement, ses agents, ses actes, les représentants de l'autorité, ceux de la nation et leurs votes. S'il vous est permis de devenir le Richelieu du village, il ne vous l'est jamais d'en être le tribun séditieux. Vous vous montrerez au contraire le docile serviteur de la loi. Vous obéirez sans réclame ni protestation, aux décrets du gouvernement, aux arrêtés du préfet, du sous-préfet, aux ordres du maire, même du garde champêtre. Vous aiderez, au besoin, les agents du gouvernement dans l'accomplissement de leur mission légale, soit en prêtant le secours de votre influence, même de votre bras, à l'autorité menacée par de coupables agressions, soit en grossissant l'escorte des gendarmes à la poursuite du crime, soit en poussant, par vos conseils, dans le chemin qui conduit au percepteur, les contribuables retardataires, soit en vainquant, par un langage patriotique, la répugnance du conscrit réfractaire que des dispositions antipathiques au mousquet rendent rebelle à la loi qui l'appelle. Vous préserverez votre tête et votre cœur, les têtes et les cœurs de vos administrés, de l'invasion de ces doctrines subver-

sives, qui sont un blasphême jeté au bon sens, à la raison, à la justice, et qui déshonoreraient l'humanité en
la faisant marcher au rebours de ses nobles instincts et
de ses propres intérêts. Surtout, brûlez d'un fer chaud,
dans tous les cœurs où elle se trouve, cette envie jalouse du bien d'autrui, qu'on glorifie aujourdhui, et qui
ne saurait enfanter que crimes et tourments. Vous
direz aux ouvriers que la terre sera à tout jamais,
comme elle l'a été de toute éternité, peuplée de riches
et de pauvres, ayant des parts diverses et inégales au
banquet de la nature ; que c'est là une loi providen-
tielle ; qu'ils peuvent essayer d'améliorer licitement
leur condition, mais non de la changer révolutionnai-
rement ; que les coups de fusil de l'émeute brisent les
machines, réduisent au silence les ateliers qui les em-
ploient, et qu'ils n'attrapent dans les révolutions que
des balles dans la poitrine, lorsqu'elles éclatent ; des
jours de chômage et de misère dans l'avenir qui les
suit. En un mot, monsieur le conseiller, vous serez
non le détracteur niais, comme il y en a tant, du gouvernement, mais son appréciateur judicieux, comme il
y en a peu ; bien différent de ces insensés qui prétendent travailler à leur prospérité, en détruisant cette
Providence sociale, à l'existence et au fonctionnement
de laquelle est attaché le salut commun.

Nous avons parlé de la sollicitude que devait avoir
le conseiller pour l'augmentation des revenus commu-

naux. Augmenter ces revenus, c'est là, sans doute, un louable but offert à ses efforts; il en est un autre qui ne l'est pas moins et qu'il doit se proposer; c'est que ces revenus reçoivent l'application la mieux raisonnée et la plus féconde possible. En regard de ces revenus qui constituent l'actif de la commune, je vais mettre les principaux objets de dépense qui figurent à son passif. Ce sont les deux articles corrélatifs du journal *Doit* et *Avoir* de la fortune communale. Je passerai en revue rapidement chaque objet de dépense et je soumettrai quelques principes qui me paraissent bons à suivre.

VIII.

La maison commune est le local qu'habiterait cet être moral qui a nom commune , s'il était personnifié. Or , cet être moral représente la collection de tous les habitants de la localité, des deux sexes et de tous les âges. C'est l'universalité de tous ces êtres humains qui se remuent dans l'espace de deux lieues carrées, de leurs biens étendus dans le même espace , de leur richesse mobilière et immobilière , de leur industrie, de leurs professions, de leurs penchants, etc.... Cet être est imposant par cette universalité même, cette concentration de tant de personnes et de choses qu'il résume. S'il était incarné, on devrait le saluer respectueusement. On doit donc donner au local qu'habiterait ce personnage, s'il avait corps et réalité, une élégance en harmonie avec sa grandeur et sa majesté. Dès lors, quand il s'agira de le construire, le conseiller rejettera les projets trop mesquins qui prescriraient un bâtiment trop écrasé, des fenêtres trop étroites, des portes d'un chétif dessin, des matériaux de la dernière simplicité, des façades de pauvre apparence. L'hôtel de *son altesse* la commune ne doit pas ressembler à une chaumière de bûcheron.

Mais il ne faut pas exagérer et, quand je permets la noblesse, s'autoriser à s'élever jusqu'au grandiose. Dans la plupart des localités, on a la manie de donner à cet édifice un aspect monumental et de somptueuses proportions. Les conseillers qui votent ces dépenses s'imaginent qu'ils édifient leur grandeur personnelle, qu'ils relèvent l'importance des délibérants par la majesté du bâtiment où les délibérations seront prises, et qu'on mesurera la hauteur de leurs dignités à celle du local où ils vont en exercer les actes. C'est une illusion de la vanité campagnarde. Ce n'est pas un étage de plus donné à une maison commune qui élève d'un degré la dignité du délibérant, pas plus que la sagesse des délibérations et la prospérité de la com-

mune représentée. Passé certaine mesure raisonnable,
je ne vois pas que ces élévations prodigieuses de façades puissent servir à autre chose qu'à jeter avec plus
de force sur les passants l'eau des gouttières qui tombe
de plus haut, à assombrir, par plus d'ombre projetée,
la rue contiguë, et à éclaircir, par plus de vide formé,
les coins dégarnis de la caisse communale.

Donc, dans l'application des fonds pour la maison
commune, le conseiller ira jusqu'au nécessaire, mais
ne le dépassera pas pour s'élever au superflu. Il votera
pour un bâtiment qui tienne le milieu entre une rustique simplicité et une somptuosité luxueuse, entre
l'ostentation et la mesquinerie, entre le palais et la
maison de paysan. Il conciliera ainsi ce qu'il doit de
respect à la dignité de la commune avec ce qu'il doit
d'économie à l'administration de ses finances.

IX.

Ce n'est pas une petite affaire pour un pauvre village
que de loger le Bon Dieu. Où sont votre architecte
pour projeter, votre David pour sculpter, votre Raphaël
pour peindre, vos marbres et vos porphyres pour construire, vos rubis, vos émeraudes, votre or et vos diamants pour orner la demeure que vous destinez à Sa
Majesté le roi de la création, le roi du roi de votre village, celui qui promène le soleil fécondant sur vos campagnes, qui verse ses eaux bénignes dans vos rivières et

vos ruisseaux, qui jette sur vos champs les pluies bien-faisantes, la foudre terrible ou les ouragans dévasta-teurs? Bah! entends-je me répondre un conseiller qui passe pour un des plus forts esprits de l'endroit. Ceci ne nous embarrassera qu'autant que nous le voudrons bien, attendu que nous pouvons très bien ne pas re-connaître l'existence de l'auguste et puissant person-nage dont vous nous parlez, et nous échapperons ainsi à la préoccupation de son logement.

Monsieur le conseiller philosophe, lui répondrai-je, je ne veux point discuter avec vous un aussi profond sujet. Je ne doute point que vous ne soyiez à sa hau-teur, je m'incline, si vous le désirez, devant la profon-deur de votre génie, et je ne veux pas vous ôter une seule étincelle du vaste esprit que je suppose couver sous votre vaste bonnet de coton; mais cependant j'au-rai l'honneur de vous faire observer que Voltaire et Rousseau, pas plus suspects que vous de trop de cré-dulité et qui, pour n'avoir pas été conseillers munici-paux, n'en étaient pas moins des intelligences d'élite, avouèrent dans tous leurs écrits l'existence du Dieu que vous niez; que l'immortel Newton, dont l'immense génie sut percer les profondeurs mystérieuses où s'é-taient cachées jusqu'à lui les lois physiques qui régis-sent les mondes, y découvrit l'existence de Dieu, qu'il en fit la clef de voûte de toute la création, et qu'il ne proférait jamais ce nom auguste de Dieu sans se découvrir respectueusement. Je vous dirai encore que tous les peuples de notre boule ronde, et il en est probablement des autres, fussent-elles carrées, reconnaissent dans leur dogme de religion et professent dans leur culte l'existence d'un être suprême ; qu'enfin, une de nos assemblées politiques, célèbre par son esprit sceptique, la Convention, qui convenait de peu de choses en fait de dogmes religieux, qui n'allait, ni à la messe, ni à confesse, admit cependant l'existence d'un être suprême, grava cette reconnaissance sur les murs de nos temples et donna ainsi un certificat de vie à Dieu.

D'ailleurs, voyez-vous, comme gouvernant, vous reconnaîtrez, si vous voulez y réfléchir, que la croyance en un Dieu rémunérateur et vengeur est un ressort politique indispensable. C'est un des plus solides fondements de l'ordre et de l'honnêteté publics. Sans la crainte des peines et des récompenses placées outre tombe, tout ce qui forme ici-bas la sanction pénale des lois, peines pécuniaires, peines corporelles, amendes, poteaux d'exposition, prisons, échafauds, tout cela ne saurait que produire un très incomplet effet. Toutes les fois qu'il serait assuré d'échapper à toutes ces vengeances de la société humaine outragée, le criminel n'aurait plus aucun frein qui l'arrêtât. Il faut placer dans son imagination une barrière d'un autre ordre. Il faut que quelque chose de menaçant se dresse devant les yeux du voleur qui va nocturnement prendre votre bourse, de l'assassin qui va vous ravir la vie, dans l'assurance de l'impunité terrestre ; ce quelque chose, c'est l'aspect de l'enfer avec ses flammes vengeresses qu'il aperçoit luire sur les rivages lointains de l'autre monde, où il devra un jour aborder. Le diable avec sa grande fourche est aussi nécessaire que les gendarmes avec leurs grands sabres pour le maintien de l'ordre social. Dieu ne serait pas vrai, qu'il faudrait l'inventer comme un instrument de police.

Je vous engage donc, monsieur le conseiller, à abaisser, sans trop vous rendre compte de votre abnégation, votre esprit sous la croyance d'un Dieu, d'abord parce que cela ne pourrait compromettre la portée de cet esprit, ensuite parce que cette croyance étant à peu près universelle, vous ne sauriez vous prétendre plus savant que tout le monde ; enfin, parce que vous aurez, dans les sectateurs de ce dogme, généralement une bonne compagnie. Je vous engage même à proclamer cette croyance, parce que, sous son influence, vous verrez les administrés de votre village plus zélés pour le bien, plus hésitants pour le mal, plus disciplinés, plus soumis aux lois, à vos règlements et à tout ce qui constitue l'ordre de la société.

D'ailleurs, la reconnaisssance d'un Dieu, la profession de son culte, ne sont-elles pas utiles à tout le monde ? Alors qu'on s'y attend le moins, voyez-vous,

monsieur le conseiller, on peut avoir besoin des sublimes consolations de la religion. Si vous le niiez et si
vous croyiez pouvoir impunément braver les coups du
destin , je vous dirais : Pour le moment, vos affaires
prospèrent, soit ; vos récoltes passées ont été riches
en rendement , celles présentes sont riches en espérances , vos denrées se vendent et se paient bien , les
bestiaux que vous élevez viennent à merveille , votre
femme réjouit votre cœur par les trésors de sa tendresse, grossit votre bourse par les secrets d'une fruc-
tueuse ménagère ; vos enfants sont respectueux , laborieux, intelligents ; ils sont , M. l'instituteur l'atteste ,
les plus savants de l'école et du village. Déjà même ,
vous rêvez pour le plus illustre d'entre eux une position sociale élevée , la place de notaire dans le canton ,
et, pour vous, la cessation de vos peines , une retraite
honorable et tranquille que vous prendrez bientôt. Votre prospérité, dites-vous, n'est-elle pas assise sur des
fondements inébranlables. Qui peut altérer votre bonheur présent, empêcher l'avènement inévitable de votre
bonheur à venir?

Monsieur le favori de la fortune , ayez un peu moins
de confiance. Cette fortune, voyez-vous, a ses vicissi-
tudes terribles ; elle se fait un jeu de ces renverse-
ments sociaux qui épouvantent par leur soudaineté et
la grandeur du mal qu'ils causent. Ainsi, pendant que
vous vous dressez dans votre orgueil et que vous res-

plendissez sous l'horizon brillant de votre prospérité, voilà tout-à-coup votre argent emporté par des débiteurs insolvables, une épizootie qui ravage vos bestiaux et dépeuple vos écuries, des contre-temps qui contrarient la germination de vos emblaves, des sécheresses qui en arrêtent la végétation, des orages dévastateurs, des grêles qui les hachent et abattent les épis, qui vont éclore sur les brins, à moitié brisés, rompus, qui les supportaient ; votre femme qui, aigrie par l'infortune, remplace les soins voluptueux du passé par d'acariâtres et continuelles rebuffades, qui manque peut-être scandaleusement à la foi conjugale ; vos enfants qui manquent au respect filial, qui s'insurgent contre votre autorité et qui s'en vont, malgré vos remontrances, hâter dans la débauche la ruine de votre fortune et déshonorer votre nom.

Au milieu de tous ces coups d'une adversité si inattendue, de tous ces maux qui vous accablent, vous restez abattu, étourdi, les yeux hagards, l'esprit confondu, l'âme folle de désespoir. On tombe quelquefois de si haut et si bas qu'on est comme anéanti par la grandeur de la chute.

Eh bien ! Qui vous relèvera de cet état ? Qui vous tendra une main secourable ? Qui vous dérobera à l'abîme du désespoir où vous allez tomber tout meurtri ? La religion. C'est dans son sein que vous pourrez réchauffer votre pauvre âme glacée. C'est le port ouvert à votre esquif battu par les colères du destin et de la tempête. C'est la religion qui donne l'espérance. Or, un homme qui espère ne saurait être complètement malheureux ; il n'a pas de bien, mais il en attend ; il souffre de maux, mais ils vont cesser ; il n'a pas dans le présent de beaux jours, mais il en voit luire pour lui dans l'horizon de l'avenir. L'espérance, c'est un bonheur hypothéqué sur les bontés traditionnelles de la Providence, un bonheur ajourné, un bonheur formant l'objet d'une dette souscrite, de toute éternité, par le Bon Dieu, en faveur du malheur. L'échéance de cette dette est à une époque mystérieuse, il est vrai, mais qui viendra. On le croit, et cette croyance adoucit les désagréments d'un passage plein de misères à un avenir meilleur. La religion, mère de l'espérance, c'est la barque de sauvetage attachée au vaisseau de la vie pour les jours de tempête.

Ayez-en donc, monsieur le conseiller ; ne rougissez pas d'en professer. Conservez sans honte vos pieuses relations avec le curé, votre place dans le temple du village ; ces images saintes que vous tenez de l'héritage paternel, qui de tout temps ont fait sentir leur patronage mystérieux sur votre famille et dans lesquelles sa piété héréditaire a placé une confiance qui n'a jamais été trompée ; reliques dédaignées, raillées par les têtes fortes, mais d'un prix inestimable pour un homme de foi. Qui peut dire que vous ne trouverez pas près d'elles , au besoin , des trésors de consolation, des sources cachées de bonheur ; que vous ne puiserez pas là l'oubli de la déception de vos espérances, du malheur de vos spéculations, de la trahison de vos affections , des maux qui ont ravagé votre cœur ou le domaine de vos biens matériels ; enfin, des calamités de toutes sortes qui vous ont frappé ? La malignité du sort est impuissante à créer des maux irremédiables pour un homme qui croit.

Je ne m'écarte pas autant de mon sujet qu'on se l'imaginerait peut-être , car de l'existence reconnue de Dieu résulte la nécessité d'un temple où on l'honore et d'un ministre sacré pour desservir son culte. Lors donc de l'affectation des fonds de la commune aux différentes dépenses publiques , le conseiller n'omettra point de mettre , dans le tronc pour l'église, une obole proportionnée à la grandeur de l'objet auquel elle est destinée. Il ne marchandera point avec trop de lésinerie, au curé qui les demande, les crédits nécessaires à la réparation de l'église, de ses murs lézardés , de sa toiture percée à jour, de ses ornements , de sa lingerie avariée, de la cure qui surplombe, de ses planchers vermoulus, de ses murs décrépis. Dieu a droit à sa part congrue du trésor public.

Mais s'il ne faut pas tout lui refuser, il ne faut pas non plus tout lui accorder. Le ciel ne doit point faire de tort à la terre, et il convient que les honneurs qu'on rend au Très-Haut ne soient point soldés fastueusement au préjudice des autres objets d'utilité publique, qui, pour être très bas, n'en sont pas moins dignes de la sollicitude du conseiller. Celui-ci refusera donc son vote pour le temple par trop somptueux, pour le clocher à perte de vue, pour le carillon à perte d'oreilles, pour la sonnerie luxueuse à perte d'argent, pour le palais curial à perte de l'esprit de pénitence, pour toute dépense, en un mot, qui serait évidemment exagérée. Son austère économie, sous ce rapport, ne fléchira point sous la considération de ses agréables relations personnelles avec le curé, des bons dîners qu'il prend à sa table, des parties qu'il joue sur son tapis vert. Il ne se guidera point par l'espoir si mal fondé et si peu flatteur, pour son curé, de faire de lui, par les complaisances et les facilités de son vote, un juge plus indulgent de ses fautes. Croit-il, par hasard, qu'il est des capitulations dans la justice du ciel, et ne serait-ce pas une tentative impie que d'essayer d'acheter les bonnes grâces de son pasteur, son salut et le Paradis, avec l'argent de la caisse municipale?

En somme, le conseiller satisfera dignement aux nécessités de la religion, en s'abstenant de l'étroite avarice d'un liardeur et des folles prodigalités d'un bombancier. Il saura, sur cet objet, se maintenir dans un juste milieu qui lui mérite une égale et juste approbation de Dieu et des hommes, du ciel et de la terre.

X.

Vote pour la maison d'école, pour l'instituteur et pour tout ce qui a rapport à l'instruction de la jeunesse.

L'homme, on le sait et on le sent, est un composé de deux essences différentes, l'une corporelle, l'autre spirituelle. Pour que ces deux essences arrivent à la limite de développement qui leur est assignée par les règles providentielles, il faut que l'une et l'autre reçoivent une nourriture conforme à leur nature. On sait quelle est la nourriture du corps, on ne doit pas moins savoir que l'instruction est le pain de l'esprit.

L'homme qui a été privé d'instruction est un être

intellectuellement rachitique et moralement infirme.
Chez cet être, le bas principe matériel arrive par ab-
sorber la noble essence spirituelle, et l'homme chez lequel s'est opéré ce funeste envahissement, ne devient
plus différent des autres animaux, que par la constitu-
tion physique. C'est sous ce rapport seulement qu'il a
sur eux certaines supériorités. Encore ces supériorités
sont-elles rares, car il est une foule de bêtes qui l'em-
portent sur lui, soit par la vélocité de la course, soit
par la grandeur de la taille, soit par le degré de force,
soit par les finesses de la ruse, soit par les prodiges
de l'adresse. D'où il arriverait qu'en rangeant tous les
êtres vivants par ordre de valeur relative, celui qu'on
appelle le roi de la création se trouverait le subordonné
de la plupart des animaux. Il n'y aurait rien de très
glorieux d'être le représentant d'un aussi peu noble
administré. L'intérêt donc de l'honneur du conseiller,
comme celui de la dignité morale de ses commettants,
lui commandent de ranger l'instruction de la jeunesse
au premier rang de ses préoccupations.

La partie morale de cette instruction, ou l'éducation,
doit surtout le toucher. L'homme, au sortir des mains
de la nature, n'a que des facultés inertes et une aptitude passive. Il est bon à rien et à tout ; à tout le bien
et à tout le mal possibles. Sa moralité dépend de la
culture qu'elle reçoit. L'âme de Socrate et celle de
Cartouche sont sorties du même moule. L'éducation

seule a fait du premier un modèle de sagesse, de l'autre un prodige de scélératesse. Selon qu'elle est négligée ou soignée, elle engendre le crime ou la vertu, et conduit l'homme au Panthéon ou au bagne. Le précepteur d'un enfant est son père moral, son initiateur dans les sublimités de la vie intellectuelle. On comprend par là quelle immense importance on doit attacher aux principes et au choix de ceux qui sont préposés à cette éducation.

Il y a parmi nous un grand débat au sujet des principes fondamentaux de l'éducation morale. Depuis longtemps, l'Etat et le clergé se disputent au sujet de ces principes. L'un et l'autre s'adjugent les saines doctrines et ne composent que de doctrines fausses et perverses le lot attribué à son adversaire. Ils se disputeront toujours, jamais ils ne s'entendront, parce que le but que chacun poursuit n'étant pas le même, il ne saurait y avoir identité dans les principes.

Le clergé ne s'occupe que des rapports de l'homme avec Dieu. L'Etat, au contraire, s'attache surtout aux règles que l'homme doit suivre comme membre du corps social. L'un veut faire des saints, l'autre des citoyens ; c'est-à-dire qu'ils ne sont ni plus ni moins séparés que par l'espace incommensurable qui existe entre le ciel et la terre.

Il est dans le village deux êtres qui sont la personnification de ces deux principes divers, le curé et l'ins-

tituteur ; le curé , homme de doctrines inflexibles et
qui a été au séminaire fortement trempé dans l'élément
religieux ; l'instituteur, l'homme de la science et des
idées nouvelles , qui a rapporté de l'école normale un
esprit de libéralisme un peu dégagé. L'un et l'autre
voudraient que l'éducation de la jeunesse reçût de chacun la teinte de son principe de prédilection. De là cet
antagonisme si fréquent entre ces deux principaux per-
sonnages du village ; de là la lutte entre la cure et l'é-
cole primaire.

Le conseiller planera, par la position qu'il prendra,
au-dessus de ces dissensions d'école. Il comprendra
sans doute que l'éducation d'un bon citoyen doit avoir
une base religieuse , et que des inspirations célestes,
en armant l'âme d'une énergie vertueuse , ne sont jamais superflues pour l'accomplissement des devoirs sociaux.

Mais il estimera aussi que les principales qualités
d'un citoyen ne sont pas dans le mysticisme de l'esprit,
ni dans les scrupules outrés d'une conscience timorée ,
mais dans les franches allures d'un cœur droit, dans
l'amour de la patrie, dans le dévouement à la chose
publique. La patrie, sa prospérité, son honneur, sa
défense, ce sont là de nobles objets vers lesquels doit
être aussi dirigée l'éducation de la jeunesse. Or, il
saura qu'en cas de danger, des citoyens qui accom-
plissent des actes bien marqués d'un dévouement

personnel, sont bien aussi utiles que ceux qui se
contenteraient d'élever d'inactives mains au ciel ; que
de bons et dociles serviteurs de la loi civile peuvent
valoir des casuistes, et que de savants ingénieurs et
d'habiles industriels sont de non moins bons instruments de la félicité publique que d'érudits catéchistes.

Pénétré de ces principes, le conseiller votera avec
empressement pour la salle d'école et son ameublement,
son agrandissement au besoin, son crépissement, le
chauffage en hiver, l'assainissement, en été, de l'air
qu'elle contient ; pour la pompe de la distribution an-
nuelle des prix ; pour l'achat des livres à distribuer en
récompense aux élèves ; pour un instituteur bien choi-
si, instruit sans pédanterie, honnête sans afféterie, religieux sans tartufferie, parlant, travaillant, s'habillant,
se comportant sans affectation, ni morgue, plus remar-
quable par la solidité de son savoir que par la sonorité
de son gosier, par le chemin rapide qu'il fait faire à ses
élèves dans le domaine de la science, que par celui
qu'il fait dans la complaisante estime de lui-même ;
pour le traitement, élevé à un chiffre raisonnable, d'un
tel instituteur, de cet intéressant pionnier de la civilisation que l'on ne doit pas laisser aux prises avec les
premières nécessités de la vie, manquant de pain, en
retour du pain intellectuel dont il nourrit la jeune génération qui lui est confiée ; pour la prospérité de l'é-
cole et de tout ce qui s'y rattache ; pour l'admission

dans la commune de toute institution d'instruction qui, fût-elle créricale, saurait, dans ses principes, concilier ce qui est dû à l'esprit du siècle avec ce qui revient à Dieu ; et cela, malgré les Voltairiens de l'endroit et les critiques des esprits forts qui turlupinent ce qu'ils appellent ses préjugés religieux, la faiblesse de son caractère ; mais pour le refus d'une préférence marquée pour une école à esprit trop monacal dont les principes ne s'harmoniseraient pas avec le fond brillant d'une civilisation avancée et jureraient avec la physionomie d'une époque de lumières ; et cela, malgré le curé qui prie, malgré sa femme qui pleure, malgré la petite cohorte des dévots et des dévotes qui le damnent ; pour l'exemption totale ou partielle de la rétribution universitaire en faveur des enfants pauvres, exposés à l'abrutissement de l'esprit, en même temps que condamnés aux labeurs du corps ; en faveur aussi des intelligences d'élite qui se font remarquer et qui promettent de devenir des célébrités de la science et les illustrations du village.

Le conseiller n'est pas le représentant seulement des champs, des chemins, des rivières, des maisons, des êtres corporels qu'on nomme habitants, de tout ce qui forme en un mot la partie matérielle de la commune. Il l'est encore de ce peuple d'intelligence, dont Dieu a doté les cerveaux de ses administrés. Il ne doit pas moins de soins à cette partie spirituelle qu'à l'autre, et il se réglera, pour la traiter, sur cette pensée que, si le bonheur du village est dans des champs fécondés, dans des maisons confortables, dans des corps bien costumés, bien nourris, bien brillants de santé, son honneur et sa gloire sont dans les instincts magnanimes des cœurs moralisés et dans les lumières des intelligences cultivées.

XI.

Quel est cet individu que l'on remarque au milieu
de la campagne, à l'œil vigilant, au visage sévère, un
baton à la main, une bandoulière en écharpe, sur laquelle est fixée une plaque en cuivre qui étincelle au
soleil, marchant, puis s'arrêtant, marchant de nouveau, puis s'arrêtant encore, pour promener son œil
scrutateur des coteaux aux plaines, des plaines aux
coteaux, sur toute la contrée qu'il peut apercevoir ?

C'est le garde champêtre de la commune, c'est-à-

dire, l'homme qui a été préposé à la garde du territoire, des prés, des champs, des vignes, des coteaux
et des vallées, qui veille à la conservation de tout ce
qui, dans ce territoire, croît, pousse, boutonne, fleurit, mûrit, du gibier blotti dans les guérêts, du pois-
son qui joue dans la rivière, et défend tout cela contre
le maraudeur avide, contre le passant qui s'écarte du
chemin et foule l'emblave limitrophe, contre le mouton,
le bœuf, munis de dents gourmandes et entachés de
communisme à l'endroit de l'herbe tendre qu'ils atta-
quent partout, sans souci des droits de la propriété ;
contre le pêcheur qui, en temps prohibé, rafle le pois-
son au frai ; contre le chasseur impatient qui attaque
le gibier naissant que la loi protège dans son enfance.

L'homme cultive et sème. Dieu féconde par ses
pluies bénignes et le feu de son soleil. Le garde champêtre conserve par sa vigilance et la crainte du procès-
verbal. C'est une seconde Providence rurale ou, plutôt,
c'est l'associé de la Providence universelle, dans les
soins qu'elle prend des biens destinés à l'homme. Quand
la terre est ensemencée et se couvre d'emblaves ver-
doyantes, de ce moment elle passe, pour ainsi dire, de
son propriétaire au garde champêtre, qui doit la garder
et en livrer, en automne, à celui-là ses fruits sans dom-
mage, sans avarie, sans perte, sans avilissement. A
cette époque, il est le roi de la campagne. Gardez-vous
d'endommager, de ravir rien de son domaine tempo-

raire. Il vous apprendrait qu'il y a des juges, non-seulement à Berlin, mais qu'il en existe un aussi au chef-
lieu de son canton, qui s'entête à appliquer les lois
protectrices de la propriété, tant qu'elle n'aura pas été
détruite par un coup de télégraphe annonçant, dans
l'air, le règne sur terre du communisme son ennemi.

Son autorité ne s'arrête pas aux limites de la campagne ; elle s'étend encore à l'intérieur du village, où
il veille à la facilité, à la sûreté des rues, à leur assainissement, au nettoyage, à la propreté des cheminées,
enfin à toutes les mesures de police qui sont inscrites
dans le règlement de M. le maire ou dans son cœur
plein de zèle.

Il est à la fois garde rural, commissaire, préfet de
police, gendarme même, car il doit, non-seulement
leur prêter main-forte à toute réquisition, mais les sup-
pléer même, en leur absence, où il forme alors, en sa
seule personne, à peu près toute la force publique de
terre et de mer, toute la garnison du village.

On jugera, à la seule énumération que je viens de
faire, de toute l'importance des fonctions que remplit
le garde champêtre et du soin religieux que le conseiller doit apporter dans le choix de ce fonctionnaire.
Celui qui obtiendra son suffrage, tout en n'ayant peut-
être qu'un traitement annuel de cent francs, devra avoir
pour mille du zèle, de l'activité, de la vigilance. Rien
ne devra surpasser la droiture de ses intentions, son

amour de la justice, la sobriété de ses mœurs, l'incorruptibilité de son cœur, l'indépendance de son caractère.

Mais n'est-ce pas souvent d'autres qualités qu'on lui demande? Que vois-je, monsieur le conseiller ? Ne vous aperçois-je pas chercher le garde champêtre, non parmi les plus consciencieux et les plus intègres, mais parmi vos amis, vos parents, c'est-à-dire parmi ceux que vous supposez devoir être les plus indulgents pour vos délits présomptifs ? Le meilleur pour vous n'est-il pas celui qui offre le plus de garanties d'impunité à vos infractions à la loi, qui promet à vos espérances une justice qui ne verra, ni n'entendra, ni ne s'éveillera, ni ne verbalisera ?

Et pour l'amener à ces indignes dispositions, à cette coupable prévarication, que ne faites-vous pas? N'entourez-vous pas sa vertu de séductions, ne l'attaquez-vous pas par des faveurs intéressées, ne faites-vous pas son charroi grâtis, son labour pour autant? Ne lui promettez-vous pas, à certaine condition, d'être un soldat des plus ardents lorsqu'il s'agira, dans la discussion du budget, d'emporter d'assaut l'augmentation de son traitement? Ne le livrez-vous pas, pour vos fins, à l'influence d'une puissance terrible, qui ne réside pas sur un trône, mais dans un flacon, qui est couronné, non de diamants, mais d'un bouchon ; qui attaque la vertu par la brèche du gosier altéré, et peut exercer de désastreux ravages parmi la trop peu robuste moralité d'un garde champêtre? Ah! si vous circonveniez ainsi par de telles séductions ce pauvre subordonné, si vous n'alliez qu'à spéculer sur sa faiblesse, exploiter ses vices, user même de votre dignité pour faire fléchir son intégrité, vous commettriez une indigne profanation du pouvoir qui vous a été conféré.

Vous devez, au contraire, fortifier ce fonctionnaire de vos encouragements vertueux, dans toutes les circonstances où des considérations de personne ou d'intérêt privé livreront une lutte à sa conscience. Vous vous garderez surtout de lui jamais témoigner dépit, colère, projet de vengeance, s'il lui est arrivé de prouver que le glaive de sa justice avait, pour vous et les vôtres, un tranchant comme pour les autres. La loi, la loi, la loi, monsieur le conseiller, vous devez être, plus que tout autre, son profond serviteur ; inclinez-vous devant elle et applaudissez, plutôt que de le blâmer, l'impartial agent qui vous en aurait appliqué l'inflexible niveau.

Vous tiendrez la même conduite à l'égard du garde forestier, dont les fonctions ne diffèrent de celles du garde champêtre que par les objets auxquels elles s'appliquent.

XII.

Vote pour les voies de communication.

Le bon chemin apporte à la commune qui l'a établi de grands avantages matériels. Il facilite l'exploitation du sol, en rendant toutes ses parties abordables, en quelque saison que ce soit, à tous les véhicules ; il permet l'écoulement, sur les marchés où on les vend, des produits qui excèdent la consommation de la commune, et l'arrivée chez elle des productions étrangères qui lui manquent. Il donne ainsi, par les facilités de transport qu'il crée, du prix à ce que la commune a de trop, et la pourvoit de ce qu'elle n'a pas. Sous son influence bienfaisante, le sol devient plus productif, sa valeur augmente avec ses rapports, et, par un enchaînement de causes naturelles, le bon chemin devient ainsi le suc fécondant qui fertilise le sol, et la mine d'or qui en enrichit le propriétaire. Ce n'est pas moins un précieux élément de prospérité pour l'industrie et le commerce. Qu'il me suffise d'indiquer d'un mot ces avantages ; ils n'ont pas besoin d'être développés, ils sont évidents comme la lumière.

Il en est d'autres de l'ordre moral qui sont dus à la même cause. Le bon chemin est le plus puissant levier de la civilisation. Généralement, l'homme isolé est quelque peu sauvage, tandis que l'homme en société est policé et éclairé. Or, rien n'est plus propre que le chemin à briser les barrières de cet isolement. Quand les obstacles qui s'opposaient à ce que de village en village les hommes pussent se rencontrer et se voir, ont disparu avec la boue et les ornières, cette rencontre a nécessairement lieu et fréquemment. Il y a dès lors, avec la communication corporelle, aussi communication animée d'esprit à esprit, échange mutuel d'idées. Chacun fait son profit des observations, des pensées et de l'exemple des autres, et enrichit les dons de sa propre nature des emprunts faits sur son voisin. Il se fait ainsi une espèce de vol intellectuel entre les individus qui se fréquentent, vol bien licite, puisqu'il enrichit le voleur sans appauvrir le volé. Dès lors, s'effacent au frottement de la circulation les préjugés, la crasse ignorance, les erreurs grossières, et le titre d'être intelligent, donné à l'homme, paraît n'être plus usurpé. De plus, les mœurs s'adoucissent, l'opinion exerce un empire salutaire sur les volontés individuelles et devient un frein aux mauvais penchants ; les instincts un peu sauvages rougissent de se montrer, et l'on devient ainsi, dans l'état de société, amené par le bon chemin, humain, bon, serviable, sinon pour l'être, du moins pour le paraître.

Cette révolution qui se fait dans l'état des chemins, qui de mauvais deviennent bons, est une révolution heureuse, puisqu'elle engendre une double prospérité, la prospérité matérielle et morale de la commune.

Le conseiller fera donc tous ses efforts pour l'amener. Il contribuera, par son vote, à faire bien gros le budget vicinal, et à bien traiter le chemin au banquet des fonds communaux. A défaut de ces fonds, il frappera monnaie avec l'impôt des prestations, auquel il n'hésitera pas de donner le maximum de son extension légale. Au besoin même, il ouvrira la souscription, se rendra le frère quêteur pour le chemin et ira frapper à la porte des intérêts engagés, des bourses dévouées. Il ne manquera pas, lui, d'apporter sa contribution, non-seulement de zèle et de sollicitation près d'autrui, mais une contribution plus sonnante, consistant en une bonne obole mise au fond de sa besace, la plus grosse que lui permette son état de fortune. Dans l'application de ces ressources, il tiendra à ce qu'elles soient employées, non pas précisément sur le chemin qui lui est le plus particulièrement utile, qui conduit à ses propriétés, à ses champs, à ses bois, mais à celui qui mène peut-être tout à l'opposé de ses propriétés et de ses désirs; peu devra lui importer, pourvu qu'il conduise au chef-lieu de canton ou d'arrondissement, aux centres de population et de commerce, où le public de sa commune a le plus d'affaires de toutes sortes à traiter, aux débouchés les plus précieux pour l'écoulement des produits locaux, aux points enfin qu'il est d'une utilité générale d'atteindre ou de relier.

Lors de l'établissement du rôle de prestation, il ne cherchera point à alléger sa cote, en déguisant son cheval, son bœuf, son âne, en les accusant malades, lorsqu'ils se portent bien ; morts, lorsqu'ils sont bien vivants. Dans l'exécution des travaux, il ne fraudera point le piqueur, l'agent-voyer, la commune, par le mauvais emploi de ses journées, par l'insuffisant chargement de ses voitures, par un déficit dans les fournitures qui lui ont été imposées, par l'incomplet accomplissement de sa tâche, par la défectueuse confection de son ouvrage. Et, pour obtenir quittance de son impôt, il n'escamotera point par allégation mensongère, déclaration fausse , un émargement pour un de ses enfants, de ses valets, qui n'a point travaillé , pour une de ses charrettes qui n'a rien voituré , pour un de ses chevaux qui n'a rien charrié, enfin pour des agents ou des instruments de travail qui ont dormi dans son écurie ou sous sa remise , pour des ouvrages exagérés ou fictifs. Si un conseiller doit un exemple, c'est celui du dévouement, du désintéressement, mais non celui, j'espère, de la partialité, de l'égoïsme, de la supercherie, du dol et des plus méprisables roueries.

Qu'il se garde surtout d'entamer jamais, avec le soc cupide de sa charrue ou avec la houe du faiseur de fossés, le sol sacré du chemin. Ce serait un vol impie fait au public, un vrai crime de lèse-civilisation. Il devra s'interdire à lui et aux siens d'aussi coupables usurpations. Le conseiller qui profiterait de son influence sur l'autorité timide pour allonger, aux dépens du chemin volé, son champ ou sa vigne , raccourcirait énormément la considération que le public pouvait attacher à sa personne. Du coup de pioche dont il aurait déchiré la surface du chemin , il déchirerait en même temps le titre dont la confiance publique l'a investi ; il se suiciderait moralement et mériterait d'être impitoyablement chassé, à la première occasion , de la représentation communale qu'il aurait déshonorée.

En un mot, le conseiller donnera au chemin , pour construire, non-seulement l'argent de la commune ,

mais, au besoin, même celui de sa propre bourse,
mais le bout de son champ, de son pré, de sa vigne,
mais le travail de sa personne et de ses bestiaux, mais
les produits de sa carrière, de sa sablière, etc., et il
ne croira pas trop faire que d'ajouter des sacrifices
personnels aux moyens insuffisants peut-être dont la
commune dispose, pour la grande et patriotique œuvre
de la restauration de sa vicinalité.

XIII.

Le conseiller ne laissera périr sa commune ni par le feu, ni par l'eau. Il redoutera les deux fléaux qui affligent trop souvent les communes, l'incendie et le débordement. L'incendie ! cet agent perfide de destruction, qui prend naissance par une petite étincelle allumée dans quelque coin obscur, et se termine par un vaste brasier, après avoir dévoré en quelques heures tous les étages d'une maison, toute la richesse mobilière d'une famille, les meubles en acajou comme les vermoulus, les riches habits comme les haillons, les titres précieux de propriété et de créance, comme les vils chiffons, les récoltes en grenier et en grange, les animaux à l'étable, même les habitants au lit, et avoir fait de tout cela quelques monceaux de cendre que le vent dispersera! — Le débordement! ces flots dévastateurs qui rompent leur digue naturelle, roulent au loin sur les terres riveraines, font une vaste mer d'un continent, avarient, couchent, brisent, ravagent les emblaves, mettent le froid gravier, le sable étouffant, sur l'herbe qui verdoie, sur l'épi qui jaunit, et charrient la mort et la stérilité sur le champ où le laboureur avait déposé ses sueurs et sa semence, que le soleil du Bon Dieu avait fécondées!

Il faudrait que la caisse municipale fût bien pauvre pour que le conseiller ne proposât pas l'acquisition de la pompe à incendie ou le curage de la rivière, qui sont les plus efficaces moyens pour prévenir et arrêter dans leur marche désastreuse les fléaux dont je viens de parler. Il réclamera, avec un zèle qui ne s'éteindra pas, l'achat de cette pompe et le curage de la rivière; pour obtenir l'un et l'autre, il luttera, s'il le faut, contre le curé, qui demande pour son église de vains ornements et des cloches superflues; contre le maire, qui demande un monumental bâtiment pour mairie; contre les frères, les sœurs, qui demandent un local trop somptueux et un traitement trop élevé; contre

Dieu, ses ministres, les hommes et leurs femmes, contre le ciel et la terre, contre tous enfin. Ses sollicitations ne cesseront pas, sa persévérance ne se découragera pas qu'il n'ait vu, dans sa commune, une pompe bien entretenue, bien fournie d'agrès, bien logée ; une compagnie de pompiers bien organisée, bien composée, bien disciplinée, bien dévouée ; une rivière bien curée, bien élargie, bien redressée, bien endiguée ; la police du cours d'eau bien réglementée ; ces règlements bien observés, bien appliqués, dans leurs dispositions répressives, contre ceux qui, pour allonger leurs champs, leurs prés, rétrécissent ou obstruent le lit de la rivière par digues, éperons, plantations, gênent par toutes sortes d'obstacles matériels le passage des eaux, et les obligent à sortir de chez elles, pour insuffisance de logement, et à émigrer sur les campagnes voisines qu'elles dévastent.

Y aurait-il exagération à dire que les jours du représentant de la commune ne doivent s'écouler avec la douceur et le repos de conscience que donne le sentiment du devoir accompli, que lorsque, par ses soins, les eaux de la rivière couleront tranquilles dans leur lit, innocentes de tous débordements désastreux, et qu'il ne saurait éviter les flammes qui doivent brûler, dans l'autre monde, le mandataire insouciant, qu'en empêchant par la vigilance de son zèle ses administrés de brûler dans celui-ci ?

XIV.

L'institution de la garde nationale est un emprunt que nous avons fait à l'Amérique. Après avoir traversé la mer, cette institution ne pouvait trouver, il faut en convenir, une terre plus favorable que la terre de France pour prendre racine. Elle y fut accueillie avec enthousiasme ; néanmoins, on ne saurait contester qu'elle ne soit une contradiction dans notre système d'économie administratif.

Parmi nous, en effet, comme cela se passe chez

toutes les grandes nations, les affaires nationales, les intérêts publics se gèrent, non par la nation entière, mais par quelques mandataires pris dans son sein, à qui on confie la mission spéciale de s'en occuper. Ainsi nous avons des ministres aidés de préfets et de sous-préfets, aidés eux-mêmes de maires et d'adjoints, pour nous administrer ; des juges, forts en droit, pour nous juger ; des gens de finances, forts en arithmétique, pour recouvrer nos impôts et cotisations de toute sorte ; des ingénieurs brevetés, pour nous construire des routes, des ponts et des canaux ; des prêtres, pour nous moraliser ; des gardes champêtres, pour garder nos propriétés rurales ; même des bergers communs, munis de houlette, de chien et d'une active vigilance, pour protéger les bestiaux de tous contre leurs dents peu respectueuses des emblaves, et contre la dent des loups, peu respectueuse des bestiaux.

Cela étant, et tous ces serviteurs stipendiés de la maison nationale remplissant leurs fonctions, le peuple, en dehors d'eux, n'a pas à s'occuper personnellement ni de la direction des affaires publiques, ni de l'administration de la justice, ni de la collection des impôts, ni des ouvrages d'utilité publique, ni des prédications d'utilité morale et chrétienne, ni de la garde des biens ruraux, ni de la sûreté des bestiaux pâturants, etc.

Or, nous avons aussi nos défenseurs patentés, classés, enrégimentés, numérotés, portant habits bigarrés de couleur, longs fusils au bras, longs sabres au côté, ayant nom soldats, c'est-à-dire soldés par la bourse commune, pour défendre la famille nationale contre les ennemis du dedans et du dehors, contre les révolutionnaires d'en-deçà du Rhin et les conquérants d'au-delà.

Eh bien! puisque la nation a ses protecteurs officiels marqués au cachet de l'Etat, pourquoi donc adjoint-elle à cette force publique une autre force composée de presque tous ses membres, et qu'on appelle la garde nationale? Puisque le gros de la nation ne s'occupe ni de s'administrer, ni de se juger, ni de se moraliser, pourquoi s'ingère-t-il de faire sa police et ses guerres soi-même?

Cette raison, il faut la chercher dans un engouement militaire qui est chez nous une manie commune. Nous sommes engendrés hommes, et nous naissons soldats. Je ne sais pas au juste comment sont les hommes au-delà du Rhin, de la Méditerranée et de l'Océan, mais voici à coup sûr comment nous sommes en-deçà, sur les rives de la Seine et de la Marne. Nous avons un goût précoce pour les exercices et les allures militaires. Dès le bas âge, nous aimons le son du tambour ; nous courons avec une ardeur tumultueuse après le régiment qui parade ou qui passe, et il n'est pas rare de voir, dans nos rues, de petits soldats, imitateurs des grands, des guerriers de six ans défiler au son d'un tambour de six pouces de diamètre, l'air téméraire, marchant alignés et au pas, et ayant, pour armes au bras, des baguettes de bois simulant des instruments de guerre.

On conçoit que, dans un peuple à pareils instincts, lorsque la question de faire de tous des soldats se présenta, elle fut promptement résolue. Les petits guerriers de six ans sont dès lors devenus, à 20, de grands guerriers des camps ; les tambours de six pouces de diamètre en ont eu 18, et les baguettes de bois inoffensives se sont transformées en longs tubes explosibles, surmontés de bayonnettes meurtrières. L'institution parmi nous de la garde nationale est moins due à la haine de la tyrannie, à l'amour de la liberté, qu'à une passion du génie national. Çà été la mise en fait, la matérialisation d'un goût populaire ; et tant les petites choses en enfantent quelquefois de grandes, on peut dire que si cette immense organisation militaire naquit, ce fut moins à cause de son utilité, du besoin qu'on en avait, que parce qu'il n'est rien qu'on ne fasse faire à la nation française avec un tambour bien battu.

Quelles que soient les causes qui aient aidé à l'organisation de cette force publique, me dira-t-on peut-être, ce n'en est pas moins une puissance incommensurable.

Entendons-nous. Je sais bien qu'un garde national peut avoir une certaine tenue martiale, une taille façonnée pour la tunique militaire, des armes brillantes,

de riches habits, un képi couronnant bien une tête
munie d'yeux fulgurants et d'un air belliqueux, et, de
plus, un cœur remué par de vaillantes intentions. Je sais
bien qu'un composé d'individus semblables, si témé-
rairement coiffés, si bravement animés, peut constituer
un certain faisceau militaire imposant ; mais tout cela
ne suffit pas pour faire le soldat. Il ne suffit pas d'être
armé jusqu'aux dents et d'être brave jusqu'à la témé-
rité ; il faut encore être, ce que n'est généralement pas
le garde national, dépourvu jusqu'au dénuement de
femme que l'on adore, d'enfants que l'on chérit, de
biens que l'on prise ; enfin être, par le dégagement
des liens terrestres, pour ainsi dire désintéressé à
l'existence.

Mais que veut-on faire, voyons, de ce père de famille, eût-il le grand cœur de Charles XII ? Comment
veut-on qu'il coure au-devant du danger, de l'ennemi, de la mort, quand les agréments d'une vie sen-
suelle, opulente peut-être, quand les puissantes affections de famille lui barreront le chemin de la gloire ou
le colleront au foyer domestique ? Quelle confiance
absolue peut-on avoir dans un soldat qui ne saurait en bien faire le métier qu'en étouffant dans son
cœur les plus vifs sentiments que la nature y a mis ?
Quelque pris que soit le parti d'admirer la garde nationale, qu'on reconnaisse donc franchement avec moi

qu'elle ne saurait, dans les conditions actuelles des éléments qui la composent, être douée de vertus militaires hyperboliques.

Du reste, si le garde national ne saurait être un bon soldat, c'est un malheur dont on peut aisément se consoler. Son incapacité militaire ne saurait compromettre le salut de la patrie. Nous avons, pour la défendre, une armée qui est, elle, parfaitement apte à cette mission. Je conçois que, dans une petite nation menacée par une puissance formidable, tout citoyen, dans un moment de danger suprême, devienne soldat, que tous accourent du fond des vallons, du haut des montagnes désertes, pour repousser l'ennemi commun. Mais la même nécessité n'existe pas pour nous. Nous avons nos défenseurs patentés, 5 à 600,000 gardiens de nos frontières et du sol national, qui sont là pour rendre fusillade pour fusillade, boulet pour boulet, charge de cavalerie pour charge de cavalerie, et qui font ordinairement très bien ce métier, pour notre sécurité et notre gloire, sans notre coopération. Leur lot est de conquérir la gloire au prix de leur vie, le nôtre est seulement de la payer au prix de quelques impôts. Nos grands sabres et nos grands courages sont inutiles. Nous sommes, moyennant des héros payés à deux sous par jour, assurés contre les Kinserliques et les Cosaques, et nous pouvons, grâce à ces défenseurs, habituellement aussi vaillants qu'économiques, continuer paisi-

blement et sans trouble l'exercice de nos pacifiques et
bourgeoises professions.

Ce n'est pas que la garde nationale n'ait son utilité
d'une autre sorte. Cette utilité, je l'explique ci-après.
Je la trouve très propre à monter la garde au poste de
la mairie, un jour de foire, de tirage ou de révision ;
à faire des patrouilles dans les rues remplies de chan-
teurs avinés, dans les cabarets remplis de buveurs que-
relleurs, à y ramasser les tapageurs à humeur batail-
leuse, à les coffrer au violon, à relever par l'éclat des
armes les solennités nationales, à se livrer à des ban-
quets patriotiques, inoffensives expéditions où on ne fait
mal qu'aux pièces froides, au Champagne et à sa bourse ;
à y chanter au dessert la patrie et sa gloire, et encore,
si l'on veut, à honorer le bon Dieu en fournissant escorte dans les processions de la Fête-Dieu. Voilà à peu
près tout ce que peut et sait bien faire la garde nationale. C'est un auxiliaire utile de la police, de la gendar-
merie, du garde champêtre. C'est encore un beau fleu-
ron un jour de fête patriotique. Mais ne lui commandez
pas d'Austerlitz ; ne la conduisez pas sur le Rhin, pour
l'ensanglanter. Ce n'est pas son affaire. Qu'on la laisse
sur le bord du ruisseau du village, faire ce qu'elle peut
faire, c'est-à-dire des parades innocentes, sous l'ins-
pection de M. le maire, qui la passe en revue, orné de
son écharpe tricolore et escorté de ses conseillers endimanchés.

Vous trouverez, monsieur le conseiller, dans le but, les devoirs, la mission, tels qu'ils viennent d'être décrits, de la garde nationale en général, les règles de votre conduite à l'égard de celle de votre commune. Vous la considérerez comme une arme au crochet qu'il ne faut pas absolument laisser rouiller, mais qu'il ne faut pas non plus user à rien. Vous veillerez à ce que les fourniments et les fusils de chaque citoyen soient soigneusement entretenus, à ce que personne ne se serve de ces derniers, comme d'instrument de gaîté privée, pour honorer, par des salves de mousqueterie, la fête patronale du voisin, le baptême de son nouveauné ; comme d'instruments de braconnage pour aller affûter le lièvre au coin du bois ; comme d'instruments de barbare destruction, pour mitrailler, pendant la neige, sur la traînée perfide de menues pailles, les pauvres petits oiseaux affamés. Vous voudrez qu'un air d'ordre et d'honnêteté publics respire dans les corps-de-garde, qu'ils ne soient pas transformés en cabarets dégoûtants retentissant de jeux bruyants, de cris avinés, de sorties indisciplinées, de rustiques apostrophes, de grossières qualifications. Vous tiendrez à ce qu'il y ait quelques exercices où vos concitoyens apprendront le port et le maniement des armes, et une tenue convenable, afin que, lors des réunions publiques, ils y paraissent être autre chose que des acteurs d'un carnaval militaire, des caricatures de soldats.

Mais n'en prenez qu'autant que ce que j'en dis, et ne vous autorisez pas des recommandations que je viens de faire pour exiger des exercices multipliés, sous prétexte de périls nationaux chimériques, et qui n'existent peut-être que dans les illusions de votre imagination frappée. En supposant, ce que je ne crois pas, que la garde nationale soit propre à repousser ces périls, il ne conviendrait pas, pour cette cause devant rarement se présenter, de la tenir constamment en haleine. Ce serait une prévoyance excessive pour des éventualités très douteuses.

Voyez-vous, monsieur le conseiller, l'état normal d'une nation n'est point l'état de guerre, mais celui de paix. C'est pour se livrer aux industries bienfaisantes, au commerce enrichissant, à l'agriculture fécondante, que les hommes ont été créés, et non pour s'entr'égorger, en se perçant les flancs avec six onces de plomb, roulé en boule, ou six pouces de lame de fer, taillé en biseau. Les exercer à devenir d'excellents meurtriers, plutôt que de bons artisans, que d'habiles industriels et de laborieux cultivateurs, ce serait enfreindre les lois providentielles de leur destination.

Calmez au besoin le zèle des officiers de fraîche date, à qui l'engouement militaire est venu dans le cœur, en compagnie de l'épaulette sur l'épaule, Césars improvisés qui voudraient peut-être réunir trop fréquemment leur troupe, pour avoir plus d'occasions de resplendir dans la gloire de leur commandement et de produire les insignes de leur grade à l'admiration de la population rassemblée.

La garde nationale n'est pas faite pour défrayer des vanités militaires, mais pour la noble mission d'appuyer l'action de l'autorité locale par une force dévouée, de protéger l'ordre et les lois. Lorsque ces beaux motifs n'apparaissent pas, on doit s'abstenir d'arracher trop fréquemment une foule de citoyens à leur labeur, à leur industrie, à leur négoce, à leurs occupations sérieuses, pour les employer, dans de stériles parades, à l'occupation très peu sérieuse de tourner leurs corps par temps et mouvements, et de marcher en front de bandière, ou les uns derrière les autres, à un pas cadencé. Les manœuvres qu'on impose à la garde nationale ont une limite raisonnable, en-deçà de laquelle pourrait se trouver, sans doute, une inactivité blâmable, mais au-delà de laquelle aussi seraient la gêne vexante et l'abus. Ce serait un devoir pour vous, monsieur le conseiller, agissant dans la sphère de vos attributions, de rappeler, si cela était nécessaire, qui de droit à l'observation de cette limite, où se trouve la satisfaction de toutes les volontés sages et de tous les besoins sociaux. Vous entendrez que la garde nationale de votre commune est simplement un instrument de police locale, et non un agent de guerres et de batailles nationales, et que la maintenir dans cette modeste mission, qui est sa mission vraie, naturelle et possible, c'est en en assurant le bon accomplissement, servir à la fois la réputation de cette milice et le pays.

XV.

Dans nos assemblées municipales , comme ailleurs , il est des esprits rétrogrades qui s'irritent contre tout progrès et s'en effraient. Selon les propriétaires-bornes de ces esprits, tout est pour le mieux dans le meilleur des mondes possibles. Il n'y a par conséquent rien à y changer. A quoi bon , disent-ils , améliorer les communications , les cours d'eau , l'agriculture? A quoi bon encourager , développer l'industrie et les arts ? A quoi bon martyriser les esprits par les tortures de l'étude et étouffer les intelligences sous un **si** grand amas de connaissances ? Est-ce que nos pères n'ont pas toujours bien passé sur leurs chemins ? Est-ce que les débordements ont enlevé toute la surface de la terre ? Est-ce que nos prédécesseurs ne se sont pas bien passés de ces commodités luxueuses de la vie enfantées par nos arts et nos sciences ? Est-ce que, pour être ignorants, ils en étaient moins gros, moins gras et moins bien portants ? Tels sont leurs magnifiques raisonnements.

Si de tels arguments sont vrais pour eux, la vérité n'étant qu'une dans tous les temps, ils l'étaient également pour leurs devanciers et pour les devanciers des devanciers. De telle sorte qu'en conformant la conduite à la logique, l'humanité n'eût pas fait, depuis l'origine des temps, un seul pas dans la voie du perfectionnement, et les hommes et la surface de la terre n'eussent pas éprouvé le moindre changement. Ainsi, nous n'aurions encore, pour nous loger, que les anfractuosités des rochers et les tannières des bêtes fauves ; pour nous vêtir, que quelques feuilles de vigne sur les parties génitales et quelques peaux de loup sur les épaules ; pour nous nourrir, des glands et des fruits sauvages. Nos esprits hébêtés seraient les esclaves des préjugés, les victimes des erreurs et de la superstition, les jouets d'une abrutissante oppression. Les chemins, les rivières et la terre entière seraient tels que la création les a faits et tels que les a maintenus une nature sauvage. En vérité, il faut en convenir, ce serait un triste roi de la création, une sale et pitoyable majesté, que cet être vêtu comme un ours, crépu comme un cheval, accroupi dans le fond d'une tannière et n'osant pas en sortir, dans la crainte que les bêtes fauves ne le croquent ou que la lune ne l'écrase en tombant sur lui.

Ce n'est point à un rôle aussi misérable qu'a été destiné l'être le plus noble de la création. S'il n'est sorti, pour ainsi dire, qu'ébauché moralement et intellectuellement des mains de l'auteur de la nature, il a reçu de lui des principes de perfectibilité qui doivent se développer à travers les siècles où il passe et le compléter à la longue. On ne saurait arrêter l'essor de ces germes de perfectionnement. Le tenter, ce serait vouloir arrêter la végétation au printemps, la terre dans son mouvement, le soleil dans sa course ; ce serait s'insurger contre la plus impérieuse loi de la nature et essayer, par des efforts impies, de bouleverser les desseins de Dieu. Donc l'homme d'aujourd'hui doit valoir mieux que celui d'hier, et plus que celui de demain. Les siècles sont autant d'étapes échelonnées sur son passage, dans sa course infinie vers la perfection qu'il poursuit.

Aux améliorations morales correspondent nécessairement les améliorations matérielles. Car les sciences et les arts, dont le développement est une conséquence des progrès de l'intelligence, ne se renferment pas dans la sphère inféconde des connaissances purement spécu- latives ; ils ont une application pratique aux objets ter- restres qu'ils doivent perfectionner. Donc, non-seule- ment l'homme, mais encore la terre qu'il habite, doivent de jour en jour s'améliorer. Le conseiller, avocat du vieux temps, lutte contre la marche fatale de l'humanité et les éternels décrets de Dieu ; il n'y a qu'une chose égale à l'impiété de sa tentative, c'est sa folie.

Le conseiller, mieux inspiré, sera la personnifica- tion du progrès dans son village. Il ne sera jamais sa- tisfait de l'état présent des hommes et de leur civilisa- tion, des choses et de leur degré de perfection ; il vou- dra que le temps amène un mieux successif et des amé- liorations de toute nature. Ses efforts et son influence publique et privée tendront à ce que, de jour en jour, ses administrés soient plus commodément logés, plus élégamment vêtus, plus confortablement nourris ; que leurs idées deviennent plus saines, leurs jugements plus étendus, leurs esprits plus éclairés, leurs manières plus civiles, leurs mœurs plus honnêtes ; que les scien- ces soient plus vulgarisées, les arts plus cultivés, l'in- dustrie plus avancée, le commerce plus florissant, l'a- griculture plus prospère ; que les chemins deviennent plus viables, les cours d'eau plus bienfaisants, les champs mieux engraissés, mieux cultivés, mieux emplantés, les bois mieux aménagés, mieux traités ; qu'il y ait moins de terres en jachères, moins de coteaux en friche, moins de marais inféconds ; plus de puissance de travail par l'application des machines, plus d'intelligence dans l'emploi des moyens de toute sorte dont on use, plus de fécondité dans les résultats qu'on obtient.

Sous quelle latitude existe cette agglomération de masures, couvertes en chaume, noircies par le temps et les pluies, percées de deux fenêtres de deux pieds carrés, où les rues irrégulières sont des cloaques, où les chemins qui y conduisent sont impraticables et semés de précipices, où les champs manquent de culture, ainsi que les esprits, où les habitants baragouinent un patois inintelligible et montrent, au-dessus d'un corps grotesquement et salement vêtu, des figures rustres et hébêtées, où l'on rencontre partout la laideur, la misère, la rusticité, et nulle part le spectacle attrayant de l'aisance, de l'élégance, les charmes de la politesse, les gracieusetés de la civilité ? Cet assemblage de choses et de personnes hideuses dépend d'une nation civilisée dont le chef habite des palais dorés, dont les flottes puissantes sillonnent les mers, dont les armées formidables sont étincelantes d'armes et de luxe! Et il existe dans cet affreux séjour des mandataires, représentants surtout de la civilisation, et dont le devoir est d'y faire pénétrer les rayons brillants ! Mais, en vérité, on ne s'en douterait guères.

Que le conseiller le comprenne bien. La France tient
la tête de la civilisation du monde. Un village français
doit, sous le rapport de la civilisation comme sous tous
autres, s'harmoniser avec le fond national. Il ne doit
pas, par la rusticité, l'idiotisme de ses habitants et
l'attristant spectacle de ses laides habitations et de ses
campagnes infécondes, ressembler à une bourgade sauvage qui ferait tache dans notre beau et brillant pays.
Le conseiller d'un village semblable, qui ne mettrait
pas à effacer cette tache toute l'autorité de sa position
et de ses principes, et qui maintiendrait la petite nation qu'il gouverne à un tel état d'abaissement moral
et matériel, trahirait sa noble mission. Il mériterait
d'être mis au banc de la civilisation. Sa place peut être
marquée au sein de quelque représentation ; mais ce
n'est pas chez la nation la plus policée du monde; ce
ne peut être que dans quelques tribus de Caffres et
d'Iroquois. Qu'il y aille donc. Son pays et les harmo-
nies humaines ne sauraient qu'y gagner.

XVI.

Conduite du conseiller à l'égard du socialisme.

Par idées de progrès, il ne faut pas comprendre ces
idées nouvelles qui courent le monde, et dont l'application serait la négation de la liberté, de la justice
et l'organisation de la barbarie. Ces idées, dues aux
élucubrations fantastiques de téméraires novateurs, ont
été accueillies avec enthousiasme par bon nombre d'esprits illusionnés qui ont cru voir, en elles, le type d'une
organisation parfaite, la guérison des maux sociaux et
le germe de la régénération humaine. Démon ou divi-

nité, le socialisme (c'est sous cet euphémisme que se produisent ces idées) règne sur certaines imaginations qu'il a asservies.

Socialisme signifie, sans contredit, s'associer. Pour quelle cause généralement s'associe-t-on? Pour atteindre, au moyen d'efforts coalisés, un but qui fût resté inaccessible à la puissance individuelle. Tant soit peu qu'on réfléchisse, on reconnaîtra qu'il n'y a rien jusqu'ici de nouveau que le nom; la chose a été trouvée depuis l'origine du monde. Adam et Eve, qui s'associèrent ailleurs qu'en Icarie, et sans code social, pour triompher, par une puissance doublée, des maux qui pourraient se dresser dans leur chemin terrestre, et traverser plus facilement la vallée de la vie, furent les premiers socialistes du monde. Ils furent suivis de bien d'autres. De tous temps et en tous lieux, des besoins communs et des nécessités impérieuses poussèrent inévitablement vers l'association. On s'associa pour triompher dans la guerre, pour s'enrichir dans la paix, pour mettre à fin de gigantesques entreprises qui eussent défié des efforts isolés, pour diminuer dans l'industrie, dans le commerce, les chances de perte, accroître celles de gain, etc., etc.

Mais toutes ces associations avaient toujours été soumises à une loi qui n'avait pas subi de variation, c'était que les profits de l'association fussent répartis proportionnellement à la mise sociale, capital ou travail, effectuée par chacun, et que le gagnant, dans les jours prospères, au jeu engagé des entreprises industrielles, devînt aussi perdant, lors des revers. Ceci n'était pas spirituel, mais cela avait un gros mérite, c'était juste ; ce n'était pas savant, mais cela avait la sanction du bon sens et de la conscience humaine.

Ces mérites, aujourd'hui, ne sont pas recherchés. C'est trop vulgaire d'être juste et raisonnable. Aller au rebours du sentiment commun, c'est plus original. La gloire est dans l'extraordinaire, l'apothéose de l'auteur dans l'excentricité phénoménale du système. C'est ce qu'ont sans doute pensé certains constructeurs de plans sociaux. Ils prêchent l'association et la réunion des travailleurs en phalanstères ; mais l'association entendue de cette façon, que chaque travailleur serait rétribué, non selon son mérite et son travail, mais selon ses besoins, et qu'en certains cas les pertes, qui atteindraient constamment certains associés riches, passeraient à côté d'autres, privilégiés par leur pauvreté même, qui n'en auraient pas moins, en toute circonstance, leur part assurée dans les gains.

Qu'on porte un regard investigateur à travers la phraséologie sophistique de nos utopistes modernes, et on y verra distinctement les fantasques conditions dont je viens de parler, former la base de presque tous leurs systèmes.

Ainsi, sous la loi prédominante de la proportionnalité des besoins, abstraction faite de toute considération de travail, il suffirait d'être Gargantua pour être la plus grosse partie prenante du budget social ; la capacité digestive serait la mesure de la rétribution, et de grandes dents vaudraient mieux qu'un grand génie et que de grandes œuvres.

Sous la loi de la participation des uns aux pertes et de la non-participation des autres, ces derniers, les favoris du phalanstère, auraient l'agréable, mais inique rôle de grugeurs de l'association, convives exacts dans le bonheur, ombres qui s'évanouiraient dans les jours de détresse.

Ainsi, le socialisme, entaché des vices dont je viens de parler, c'est la paresse vivant aux dépens du travail, la débauche prodigue s'engraissant des fruits de l'économie, le mérite déchu de ses droits, qu'on avait jusqu'alors regardés comme inaliénables ; l'incapacité glorifiée, mise au niveau du génie ravalé, c'est-à-dire, en un mot, la glorification de tout ce qu'on avait jusqu'alors méprisé, l'avilissement de tout ce qu'on avait honoré, le renversement des lois de la nature et de l'équité, la destruction, dans sa base, de toute co-édification sociale.

Le socialisme a encore un gros défaut, c'est d'amortir, paralyser même l'activité humaine. Sous cette organisation, on travaille pour la société, pour l'État, enfin pour une abstraction, au lieu de travailler pour son intérêt personnel. Tout le monde est fonctionnaire de la société, moyennant un traitement fixe. L'ouvrier de la manufacture, le laboureur, le vigneron, le manœuvre, sont des fonctionnaires. On donne ainsi pour mobile au travail, au lieu du zèle de l'intérêt privé, le zèle de la chose publique, c'est-à-dire qu'on substitue à un ressort très énergique un ressort très lâche. On ne trouverait pas, dans mille, un moyen plus sûr de faire de la société un composé de lâches et de fainéants, et d'amener, par l'inaction de tous ses membres, la misère générale. Et les inventeurs de pareil système se prétendent les bienfaiteurs de la société! Oui, ils sont quelque chose qui rime avec ce mot, mais qui jure avec le sens ; ils en seraient les fossoyeurs.

Quelqu'absurdes et odieuses que soient ces doctrines, il n'y a rien de bien surprenant qu'elles aient fait des prosélytes. Est-ce qu'on ne trouve pas, dans toute société, des paresseux voulant les profits du travail, des dissipateurs convoitant les réserves de la sobriété, l'insuffisance vaniteuse voulant détrôner le mérite ? Les doctrines qui promettaient la satisfaction de ces illégitimes appétits devaient gagner à elles ceux qui les ressentaient. Elles devinrent un drapeau naturel autour duquel se rangèrent toutes les mauvaises passions liguées contre les bonnes.

La place du conseiller municipal est marquée à l'avance dans cette guerre impie du mal contre le bien.

Personnification de l'ordre et de l'honnêteté publics, il tiendra son intelligence vierge de ces doctrines, si propres à en amener la ruine. Il s'en montrera partout l'ennemi déclaré, le persécuteur incessant, ayant une vigilance sans égale, pour en préserver le petit corps social dont il est le représentant.

Je lui signale ce colporteur qui entre, là bas, dans son village avec une balle dont la partie supérieure brille des titres de livres les plus édifiants et les plus orthodoxes, mais dont le fond renferme les petites brochures infestées des grandes erreurs, le tout à 0 fr. 25 c. de prix, tel qu'un tonneau qui cache, sous le liquide généreux et pur, la lie dégoûtante et nuisible. Eh bien! qu'il l'aborde, qu'il scrute dans les profondeurs de sa balle et, y ayant découvert la peste intellectuelle, qu'il s'empresse de la dénoncer à la sévérité du maire, du ministère public, ainsi que celui qui en est le perfide messager.

Enfin, il devra être, par sa vigilance incessante, un cordon sanitaire placé autour des esprits de ses administrés. Si, cependant, l'ennemi était entré dans la place et essayait de fasciner quelques intelligences peu clairvoyantes; si un orateur de cabaret, brouillé avec le bon sens et la vertu, paraissait haranguant un groupe de bons campagnards dont il chercherait à corrompre l'honnêteté native, en leur inspirant l'aversion de leur condition, la haine des riches, le mépris de l'ordre existant, le désir de sa destruction , le conseiller s'approcherait de ce groupe, et là, par des observations pleines de justesse, il dévoilerait tout ce qu'il y a d'insensé et de révoltant dans les prédications de M. l'orateur. Il prêcherait, lui, l'honneur du travail, la sobriété des désirs et la persévérance dans cette vieille moralité campagnarde, bien plus sûr instrument de bonheur que les rêves de folles utopies. Je m'étonnerais que le succès manquât à sa parole judicieuse et probe, et que le bavardage socialiste ne fût pas vaincu par le langage, naturellement éloquent de la vérité.

Ces soins qu'à l'endroit du socialisme je recommande au conseiller ne sont point un fardeau dont je charge indûment sa gestion , mais un devoir très naturel que je lui découvre. Sa mission sur ses administrés n'est pas seulement, je le lui ai déjà dit, de pourvoir à leurs jouissances physiques ; un de ses principaux devoirs est encore de veiller à la rectitude de leurs intelligences et à la pureté de leurs instincts moraux. Le socialisme, qu'il le sache bien, c'est la torche incendiaire qui enflamme les imaginations, allume les cupidités désordonnées, les appétits gourmands et spoliateurs ; c'est l'uniforme de la vertu dont le vice se pare pour commettre le vol au nom du droit, le crime au nom de la justice. Ce ne serait donc point, pour le conseiller, s'élever jusqu'au zèle extraordinaire , jusqu'au dévouement indû , mais obéir à la loi rigoureuse du devoir, que de s'efforcer de

sauver son village des atteintes de ce perfide messager
du mal, de ce malfaiteur public de notre société mo-
derne.

XVII.

L'action et la sollicitude du conseiller doivent s'é-
tendre, je l'ai dit, particulièrement à sa commune, c'est-
à-dire à tout ce qui naît, croît, végète, vit, agit, rai-
sonne dans cette petite portion du globe d'une lieue
carrée, au milieu de laquelle se dresse le village qu'il
représente. Mais au-delà de cet horizon, raccourci dans
les limites que nous lui donnons, n'est pas le néant.
Au-delà de son village est un autre village, puis un
autre, ici, là, qui surgissent dans toutes les directions,

et dont l'assemblage forme une nation qui s'étend jusqu'à tel fleuve, telle chaîne de montagne. Même au-
delà de cette nation qui finit, une autre commence,
puis toujours une autre, jusqu'à la rencontre d'un nouveau monde qui, lui aussi, est circonscrit par d'autres
limitrophes.

Je ne veux point dire que la sollicitude du conseiller
doit n'avoir d'autres bornes que celles du globe terrestre. Ses soins, dans ce cas, courraient le risque, comme un ressort auquel on fait perdre son élasticité par
trop d'extension, de devenir inefficaces par leur trop
de fractionnement. Mais il ne les circonscrira pas non
plus absolument dans les bornes étroites de sa commune. Dans la première supposition, serait le don qui-
chottisme de l'humanité; dans la deuxième, l'étroitesse
de l'égoïsme.

Il y a quelque chose qui est moins vaste que le monde
entier et plus que sa commune, et auquel il doit s'attacher, c'est sa patrie. La patrie, c'est ce lieu situé entre
telle mer et telle montagne, où s'est parqué ce groupe
d'hommes qu'appelait à se réunir une conformité de
ressemblance physique, de langage, de goûts, de
mœurs, d'industrie, de travail. La patrie, c'est cette
terre où l'on est né et où ont vécu, prospéré, se sont
illustrés, sont morts nos ayeux et les leurs. La patrie,
c'est ce coin du globe où l'on vit heureux, sous l'empire bienfaisant de lois qui ont été appropriées à notre

caractère , à notre esprit , où l'on obtient la protection sociale contre les ennemis d'en-deçà et d'au-delà des frontières.

Aussi, et de tels bienfaits expliquent bien de tels sa- crifices, est-ce pour elle qu'on va, douze fois l'an, pui- ser dans sa bourse un tribut pécunier, écornant ainsi le fruit de ses sueurs, l'héritage de ses pères , le patri- moine de ses enfants , et , douze fois l'an , qu'on le re- met dans la main du fisc, incarné dans un receveur municipal chargé, lui, de le déposer dans les coffres de l'État. C'est pour elle que , brisant les liens les plus chers de la famille, on quitte le foyer domestique , on se groupe en troupes belligérantes et on va sur le Rhin, en front de bandière , pour en défendre l'accès à l'é- tranger qui menace de l'envahir. C'est pour elle, en un mot, pour sa défense ou sa prospérité, qu'on verse, s'il le faut, son dernier écu et sa dernière goutte de sang.

Le conseiller aimera donc , avec sa commune, aussi sa patrie. Il donnera l'exemple du patriotisme et des sacrifices qu'il impose. Il ne réclamera point, avec une vivacité non justifiée, et pour une surcharge imaginaire, contre sa cote de contribution. Il ne profitera point de son titre de répartiteur pour la dégrever indûment, en dissimulant ses propriétés et en affaiblissant le chif- fre de leur revenu. Il n'arguera point d'une gêne fictive pour obtenir , dans le paiement de ses impôts, un délai dont il n'a pas besoin, et ne nécessitera point

une contrainte du fisc par une résistance injustifiable.
Lorsque son enfant aura grandi jusqu'à la taille d'un
défenseur de l'Etat, pour le sauver de ce qu'on appelle la dette du sang, il ne lui créera pas de maux
de circonstance, il ne lui tordra pas les pieds, ne lui
coupera point de doigts, ne lui jaunira point le teint,
ne lui arrachera pas de dents, n'essaiera point de corrompre (ce que je déclare d'ailleurs impossible), par
dons ou offrandes de poissons, de gibier, de rouleaux
d'or et d'argent, les membres du conseil de révision,
leurs parents, leurs amis, leur entourage. Au contraire,
si le sort et une aptitude naturelle ont fait de son fils un
soldat, il fortifiera son jeune courage par de mâles et
patriotiques encouragements, et, après avoir enrichi
son cœur d'espérance, sa tête de sa bénédiction, son
gousset de sa pièce, il le mettra sur le chemin de la
frontière, au bout duquel on laisse bien loin derrière
soi, il est vrai, une famille chérie, mais à l'autre bout
duquel aussi on trouve la gloire des armes, l'honneur
du patriotisme et l'immortalité.

Le même esprit de large patriotisme produira encore
d'autres effets. Ainsi, l'orage, la foudre, la grêle, le
feu, les débordements, tous ces accidents terribles de
la nature, tous ces instruments d'une colère d'en haut,
seront-ils venus s'appesantir en bas sur une commune
voisine qu'ils auront dévastée, missionnaire de la cha-
rité, il provoquera partout, au sein du conseil surtout,

le secours auquel donne droit l'infortune : il émettra de tout son cœur et il signera de toutes ses mains le vote d'une offrande destinée à l'adoucir.

Et ne serait-il pas enchanté, lui, de recevoir pour sa commune un pareil secours, dans un cas qui n'est nul·lement, hélas ! hors des improbabilités humaines, dans celui où elle serait visitée par de semblables fléaux. Or, quoi de plus touchant et de plus efficace que cet échange de secours mutuels dans l'adversité ! Tels les canaux sanguinolents du corps humain envoient, sans déperdition sensible pour eux , une légère portion du liquide régénérateur dans le membre qui en est privé et qu'ils ravivent, telle l'abondance qui court dans les veines sociales pourrait, sans appauvrir beaucoup les lieux où elle existe , venir rajeunir la contrée que des malheurs affreux viennent de désoler. Il n'existerait ainsi jamais de catastrophes locales qui ne pussent être réparées par la bienfaisance universelle , et la malignité du sort viendrait se briser contre l'accord de l'humanité.

En résumé, le conseiller municipal n'arrêtera pas sa sollicitude au bout de l'horizon de sa commune ; il se souciera encore de sa patrie. Il saura qu'il est membre d'une grande famille nationale, aux intérêts, à la gloire de laquelle les siens sont identifiés, qu'il doit, par conséquent, aider, au besoin, de ses sacrifices personnels et toujours honorer de ses vertus.

On ferait un livre , et un gros , si on voulait traiter de la longue série de besoins , de vœux , d'intérêts qui peuvent être soumis aux délibérations des représentants du village. Mais je ne me propose point d'épuiser un aussi vaste sujet. Cela dépasserait le cadre modeste que je me suis tracé. J'ai voulu , après avoir parlé des devoirs essentiels du conseiller, examiner les objets principaux seulement de ses délibérations , ceux qui intéressent le plus essentiellement la prospérité de la commune, et jeter, en passant quelques principes qui m'ont paru bons à suivre dans les votes à émettre à leur sujet. Je m'arrête donc, non par défaut de route à parcourir dans les régions que je viens incomplètement d'explorer, mais parce que je suis arrivé au terme que j'ai assigné à ces explorations.

CONCLUSION.

Résumons-nous.

1° Le citoyen qui aspire à la représentation communale ne se posera réellement, comme candidat, qu'après avoir interrogé ses capacités et ses instincts, avoir scruté dans tous les coins de son cerveau et de son cœur et s'être assuré qu'il y a là, en magasin, la somme nécessaire de lumières et de vertus. S'il y a déficit, il prononcera courageusement son indignité et s'enfermera modestement dans la vie privée.

2° Si le résultat de son analyse lui apprend qu'il

est pourvu en dose suffisante de toutes les qualités nécessaires, il se mettra au service de la commune et se
présentera. Mais, pour obtenir son élection, il ne
s'avisera pas d'user de séductions d'aucune sorte. Il se
laissera aller, si le vent libre de la confiance publique
le pousse au poste qu'il compète. Si ce vent lui est
contraire, il ne corrompra point l'atmosphère électoral,
pour en tourner la direction de son côté Il voudra
arriver sur le pavois national, par le mouvement d'une
opinion spontanée, et non par les tours de force de la
cabale.

3° Le conseiller comprendra la noblesse de son titre;
il mettra son extérieur, son costume et ses mœurs en
harmonie avec l'importance de sa mission. Il aura les
belles vertus de l'homme privé, sans ses hideux travers, et justifiera sa supériorité sociale par une supériorité morale universellement reconnue.

4° Il respectera le maire et le fera respecter, s'abs-
tiendra de combattre son administration par recherche
d'une vaine popularité, et de la louer par esprit de
courtisanne flagornerie. Il appréciera ses actes avec une
indépendante franchise, mais aussi avec une indulgente
justice, et se montrera, en tous temps et en tous lieux,
ouvertement son soutien zélé dans les bonnes mesures,
comme son adversaire déclaré dans les mauvaises.

5° Il ne sera point un chef de parti, un administrateur brouillon, un discoureur tapageur, un brandon de

discorde parmi ses collègues. Au contraire, il sera pas-
sionné pour la concorde, si féconde pour les intérêts de
la commune. Il se rangera du côté de l'avis qui lui paraîtra le meilleur ; il jugera de la bonté de cet avis par
sa valeur intrinsèque, et non par esprit de parti , par
passion de coterie. Il aura une opinion qui, sans doute,
pourra différer de celle des autres , mais qui , dans
ses évolutions, n'obéira jamais qu'au souffle de l'intérêt public.

6° Placé sur les marches du pouvoir, il remplira tous
les devoirs d'un intermédiaire zélé entre ses administrés et le maire. Il sera leur interprète actif, leur organe, leur défenseur, surtout des pauvres , leur conseil , non-seulement officiel, mais encore officieux. Ce
sera une sentinelle toujours éveillée sur les intérêts de
la commune, se gardant comme d'un crime de les sa-
crifier jamais à ses intérêts propres, et couronnant toutes ces qualités par une des plus précieuses à un homme public, par le dévouement.

7° Il ne se laissera pas prendre à cette image trom-
peuse que certains anarchistes , révolutionnaires émé-
rites, font du gouvernement, en le représentant comme
un vampire enfanté par l'ambition et l'égoïsme, pour
sucer le plus pur sang du corps social. Il en aura une
idée plus juste, en le considérant comme une autorité
conventionnelle , placée en haut de la société pour sa
protection et son salut. Il comprendra que les impôts

qu'on lui donne, étant un prélèvement fait sur les profits réels ou hypothétiques de chacun, plus tout le monde, ou la nation, gagne et prospère, plus elle rend en impôts à l'Etat, qui s'enrichit proportionnellement; que si celui-ci dès lors s'engraisse de quelque chose, c'est du bonheur du peuple et non de ses sueurs, et qu'il est intéressé à faire la prospérité de ce peuple, puisque la sienne suit parallèlement. Il aura en horreur l'anarchie, fille de l'orgueil humain et mère de toutes les calamités. Pour la prévenir, autant qu'il est en lui, il défendra, par ses paroles et ses actes, l'autorité gouvernementale, et s'évertuera de lui maintenir, soumise et fidèle, la fraction nationale, consistant dans la population de son village, qu'il représente.

8° Il votera pour un local de mairie qui soit plus qu'une chaumière et moins qu'un palais. Il respectera trop cet être moral ayant nom commune, pour ne lui donner qu'une mesquine habitation, et trop sa bourse pour le loger dans un monumental et dispendieux palais.

9° Comme croyant en Dieu et à la nécessité de cette croyance, il affectera des fonds pour le culte de Dieu, son logement et celui de son ministre. Il voudra que ce logement ne soit ni trop pauvre, ni trop somptueux. Dieu, le culte, le ministre de sa religion, tout cela sans doute est très sacré; mais ce qui ne le sera pas moins pour le conseiller, c'est l'argent de la caisse municipale, de la commune, dont il doit être le gardien ménager et non le dispensateur prodigue.

10° Il sera généreux pour tout ce qui se rapporte à l'instruction et à l'éducation de la jeunesse, auxquelles il attachera le plus haut prix. Car il sera pénétré de cette idée que l'éducation, entre autres, est la seconde mère de l'homme; que c'est elle qui l'enfante à la vie morale; que l'instruction est le feu sacré qui anime la statue humaine; qu'avec les nobles attributs de la pensée et les instincts de la vertu, l'homme est un demi-dieu, et que, sans ces attributs et ces instincts, ce n'est qu'une misérable machine.

11° Il sentira tout le prix de bons gardes champêtre et forestier, actifs, vigilants, justes, incorruptibles. Jamais il n'essaiera par dons, promesses, intimidations, de fléchir à son égard leur sévérité, ni de corrompre leur intégrité; jamais il ne recherchera les bénéfices de leurs faveurs, ni ne leur en voudra des coups de leur justice.

12° Bien pénétré de l'utilité matérielle et morale des bonnes communications, il s'évertuera à en doter toute l'étendue de sa petite république. Il lâchera, sans trop y regarder, les cordons de la bourse communale, et, au besoin même, de la sienne, pour cet objet qui est un des plus féconds éléments de prospérité pour la commune qu'il représente.

13° Il ne laissera périr sa localité ni par l'eau, ni par le feu. Sa vive sollicitude sera éveillée sur les moyens de la préserver des ravages de l'incendie et des débordements. A cet effet, il saura bien trouver, dans quelque coin de la caisse municipale, une portion de fonds congrue pour l'acquisition d'une pompe à incendie et pour le curage, l'élargissement et le redressement des cours d'eau qui ont besoin de ces améliorations.

14° Il ne négligera pas la garde nationale. Son attention se portera sur l'institution de cette nouvelle milice, qui, bien animée, peut être une assez bonne colonne de l'ordre dans son village. Il n'entendra point qu'elle soit façonnée à la conquête du monde, mais à l'accomplissement de services plus modestes et plus appropriés à son aptitude et à la nature de sa mission.

15° Sommité dans une nation avancée et dans un siècle de lumières, il sera le partisan déclaré du vrai progrès. Il contribuera de son influence, de ses efforts, de son autorité, à lancer la génération qu'il représente dans la voie des améliorations raisonnables et fécondes. Il sera l'infatigable pionnier de la civilisation, qui amende et honore.

16° Il apprendra à ses administrés l'inanité de ces idées modernes qui courent le monde sous le nom de socialisme. Il leur fera comprendre que l'amélioration de leur sort est, non dans le bouleversement de l'organisation sociale, mais dans l'activité de leur travail; que le travail et l'économie sont les plus fécondes sources de bien-être; qu'en un mot, les instruments de leur félicité sont l'outil, la charrue, le hoyau, et non les doctrines insensées de ces novateurs qui veulent gouverner les hommes par le renversement des lois de leur nature et de la justice. Il armera son esprit et le leur contre l'invasion de ces idées de reconstruction sociale, qui n'ont pu être inspirées que par la science de la désorganisation, la divinité du chaos et le génie du mal.

17° Il ne se préoccupera pas que du bien-être de la famille communale, sa sollicitude s'étendra encore à la famille nationale. La patrie, ce mot d'une puissance magique, qui enfanta, dans l'universalité des temps et des siècles, des dévouements immortels, ne trouvera pas le sien froid. Il montrera, au besoin, dans un moment de péril national, l'exemple de tous les sacrifices qui lui sont possibles, et de ces beaux élans de générosité patriotique qui sauvent un pays et honorent leur auteur.

Quand le conseiller aura été et fait tout cela, ce ne sera peut-être pas encore un conseiller parfait; mais, assurément, c'en sera un distingué. Il ne saura manquer d'être entouré de la considération publique, d'être bien noté à la préfecture et à la sous-préfecture, et d'avoir grande chance d'arriver, par l'obtention de la dignité de maire, tout en haut de l'échelle sociale et politique de son village.

Il est possible que, sans être parvenu à cette élévation, il close, pour raison d'âge avancé ou pour tout autre, sa carrière administrative et résigne ses fonctions municipales. Dans ce cas, il peut compter que ses lumières et sa sagesse, pour être en retraite, n'en seront pas moins consultées. Les conseillers novices viendront, dans les cas embarrassants, interroger sa vieille expérience émérite. Et quoi de plus flatteur que de pouvoir dire de soi et de s'entendre dire que c'est encore lui qui, du coin de son feu et de son esprit, gouveerne la commune !

Il peut arriver enfin qu'il meure en plein exercice de ses fonctions ; ce serait un malheur qu'on ne peut pas toujours éviter, quelque bon conseiller que l'on soit, mais qui aurait quelque tempérament dans la gloire dont il serait entouré. Et, ce qui le prouve, c'est que sa mort serait, pour le village, le sujet d'un deuil général et publiquement manifesté ; c'est que, pour ses funérailles, le curé mettrait sa plus belle étole, le chantre son plus beau surplis ; c'est que les conseillers, ses collègues survivants, le maire à leur tête, lui feraient cortége avec de gros cierges à la main, de grosses larmes aux yeux, de gros chagrins au cœur ; c'est qu'une longue procession de ses administrés, pieusement recueillis, la figure triste et même le cœur, le suivraient jusqu'à sa dernière demeure ; c'est que, s'il était enseveli dans la terre, il ne le serait pas dans l'oubli, car tout le village conserverait de ses vertus, de ses bienfaits, de ses mérités, un long, affectueux et reconnaissant souvenir.

Ce cortége, cette pompe funèbre, ces témoignages rustiques, mais vrais, d'une douleur publique, n'est-ce pas là l'apogée de la gloire à laquelle puisse atteindre le conseiller campagnard ? N'est-ce pas ainsi que, après avoir honorablement vécu, il doit aspirer glorieusement à mourir ? S'il en était qui aient été aidés, dans la poursuite de ce double but, par les quelques règles de conduite tracées dans ce court catéchisme municipal, je n'aurais pas à regretter de les avoir livrées aux échos de la publicité. On est largemement payé de ses peines et de ses sacrifices, si on est parvenu à enrichir le cœur humain de quelque bon sentiment et à embellir la terre de quelque vertu.

FIN.